Als die Welt entstand ...

74 SCHÖPFUNG DURCH HANDWERKLICHE TÄTIGKEIT

76 Sotuknang fügte zusammen und knetete (Hopi-Indianer, Nordamerika)
78 Als das Land jung war (Japan)
80 Das Aufschäumen des Milchmeers (Indien)

84 SCHÖPFUNG DURCH ZEUGEN UND GEBÄREN

86 Damals war nicht das Nichtsein noch das Sein (Indien)
88 Prajapati durchbricht das goldene Ei (Indien)
90 Atum verschlingt seinen eigenen Samen (Ägypten)
92 Awonawilona befruchtete das Meer (Zuni, Nordamerika)

94 Große Mutter

96 SCHÖPFUNG DURCH DAS WORT

98 Io bringt alles hervor, indem er es ausspricht (Maori, Neuseeland)
99 Am Anfang schuf Elohim Himmel und Erde (Judentum)
102 Das ist der erste Bericht (Quiché-Maya, Südamerika)
106 Amun bricht das Schweigen (Ägypten)
108 Ptah erschafft durch Zähne und Lippen (Ägypten)

112 SCHÖPFUNG DURCH TANZ

114 Shiva tanzt die Schöpfung (Indien)
116 Der Sonnengott sang (Hopi-Indianer, Nordamerika)
119 Coyotes Lied der Holunderflöte (Indianer, Nordamerika)

120 DIE ERSCHAFFUNG DES MENSCHEN

122 WOHER DIE MENSCHEN KAMEN

122 Woher kamen die Menschen, welche die Erde bewohnen? (Germanien)
123 Wie die Menschen entstanden (Selk'nam, Südamerika)
124 So gingen die Inkas zur Erde (Südamerika)
125 Chnum, der Töpfer, schuf die Menschen (Ägypten)
126 Zeus zerteilt die Kugelmenschen (Griechenland)

130 Erschaffung nicht menschlicher Objekte

132 DER MENSCH UND SEINE AUFGABEN IN DER SCHÖPFUNG

132 Da machte Jahwe den Menschen aus Erde (Judentum)
138 Der Mensch als Stellvertreter Gottes (Islam)
140 Die Spinnenfrau singt das Schöpfungslied (Hopi-Indianer, Nordamerika)

142 Lebensbäume/Weltenbäume

144 WELTWERDUNGS-MYTHEN

146 Tao – Grund von Himmel und Erde (China)

150 NEUSCHÖPFUNG NACH DER FLUT

154 Ziusudra und die große Flut (Babylonien)
156 Die Arche Noachs (Judentum)
158 Nuh und die große Flut (Islam)
160 Manus Arche (Indien)
162 Die Fundamente der großen Tiefe brachen auf (Choctaw-Indianer, Nordamerika)

164 URSPRUNGSMYTHEN

165 Wie der Fluss Ganga zur Erde kam (Indien)
166 Die folgsamen Stuten Mohammeds (Islam)
168 Wie Ganesha seinen Elefantenkopf bekam (Indien)
170 Der Ursprung des Feuers (Nez Perce, Nordamerika)
172 Der Ursprung des Mais (Irokesen, Nordamerika)
174 Der Ursprung des Donners (Passamaquoddy, Nordamerika)
176 Der bestrafte Ehrgeiz des Mondes (Judentum)

178 Literaturverzeichnis
179 Bildnachweis
180 Glossar
182 Register

Wer hat die Welt, den Menschen, die Tiere geschaffen? Gibt es einen Schöpfer, oder ist alles irgendwie „geworden"? Was war vorhanden, bevor überhaupt alles geschaffen wurde oder entstand? Das Nichts? Und woher kamen dann die Gottheiten beziehungsweise der Gott oder die Göttin? Auf die Frage an Martin Luther, was Gott vor seiner Schöpfung getan habe, soll der Reformator – einer soweit man sieht nicht belegten Anekdote zufolge – geantwortet haben: Gott saß in seinem Paradiesgärtlein und schnitzte Ruten für Leute, die dumme Fragen stellen. Eine Antwort, die auch der Buddha gegeben haben könnte; denn Fragen, die nicht zum Heil aus der „generellen und existentiellen Unheilssituation"[1] des „Leidens" führen, hielt er für sinnlos. Ungeachtet solcher Kritik sind die Menschen seit Jahrtausenden auf der Suche nach Antworten auf ihre Fragen nach dem Woher und dem Wohin von Welt und Lebewesen. Ihr Staunen über das Geheimnis des Lebens und seiner Anfänge haben sie immer wieder in Erzählungen ausgebreitet, die wir Mythen nennen.

Einleitung

Zur Anlage des Buches

Im ersten Teil des Buches wird der Frage nachgegangen, wie die Schöpfung entstanden ist. Die verschiedenen Antworten lassen sich in vier große Bereiche ordnen, wobei es immer wieder zu Überschneidungen kommt und manche Texte mehrere Motive miteinander verbinden. Unter den großen Überschriften „Schöpfung durch Trennen und Aufteilen", „Schöpfung durch handwerkliche Tätigkeit", „Schöpfung durch Zeugen und Gebären", „Schöpfung durch das Wort", „Schöpfung durch Tanz" werden die einzelnen „Methoden" vorgestellt, die ein Gott oder verschiedene Gottheiten bei ihren individuellen Schaffensprozessen verfolgt haben. Je nach Herkunft der Mythen unterscheiden sich die Vorstellungen vom Handeln der Götter oder der geistigen Wesen ganz wesentlich.

Ein weiterer Teil des Buches befasst sich unter dem Titel „Die Erschaffung des Menschen" ausschließlich mit der Frage, wie sich einzelne Religionen oder Volksgruppen die Geburt ihrer Urvorfahren erklären.

Unter den beiden Überschriften „Weltwerdungsmythen" und „Neuschöpfung nach der Flut" wird berichtet, wie die Welt geschaffen und dann, weil sich die Menschen ihren Schöpfern gegenüber respektlos verhalten hatten, durch große Fluten zerstört und in der Hoffnung auf die Existenz besserer Menschen neu errichtet wurde.

Der letzte Teil des Buches enthält die so genannten „Ursprungsmythen". Diese Texte erzählen davon, „wie etwas zum Sein gekommen ist", also zum Beispiel ein Tier, eine Pflanze, das Feuer, der Donner, ein Gebirge oder eine gesellschaftliche Institution.

Der Mythos als „Sprachsymbol"

Der Mythos gehört zu den wichtigsten Sprachsymbolen der Religionen. Für viele ist mythisches Reden auf die alte Religionsgeschichte beschränkt und heute nur noch bei den traditionellen Religionen anzutreffen, die man früher abwertend primitive oder Stammesreligionen nannte. Doch kann keine lebende Religion auf das Element des Mythischen verzichten. Immer wenn Menschen transgeschichtlicher, heiliger Wirklichkeit begegnen, sprechen sie davon auf mythische, das heißt symbolische Weise. Gustav Mensching (1901–1978), einer der großen Religionswissenschaftler des 20. Jahrhunderts, hat klassisch definiert: „Religion ist erlebnishafte Begegnung mit dem Heiligen und antwortendes Handeln des vom Heiligen bestimmten Menschen."[3] Religiöses Handeln ist nach dieser Begriffsbestimmung symbolisches Handeln, und der Mythos – als Sprachsymbol – ist eine spezifische Form der Antwort des Menschen auf die Begegnung mit einer „anderen Wirklichkeit."[4]

Gegenüber: Das Grab des Sennedjem und seiner Frau Iyneferti. Die Szenen an der Ostwand des Grabes werden durch die falkenköpfige Gottheit Atum in ihrer Barke mit einer Sonnenscheibe über dem Haupt beherrscht. Darunter sind Sennedjem und seine Frau kniend bei der Verehrung von Göttern zu sehen. Die folgenden Szenen zeigen das verstorbene Paar im Jenseits. In der Mitte sind sie in einem Schilffeld zu sehen, das das Elysium symolisiert. 19. Dynastie, 1295–1186 v. u. Z. Deir al-Madina, West-Theben.

Seiten 10/11: Blitz und Donner sind eng mit der Vorstellung von Himmelsgöttern verbunden. Gewittergottheiten haben oft Blitzbündel und Donnerkeil als Attribute. Der Blitze schleudernde Zeus konnte als zorniger aber auch fruchtbringender Gott auftreten.

Wandlungen des Mythosbegriffs

In diesem Buch präsentieren wir Schöpfungs-, Weltwerdungs- sowie Ursprungsmythen aus den Religionen der Welt und versuchen, ihren Hintergründen und Bedeutungen nachzuspüren. Solche Erzählungen sind so gut wie über die ganze Welt verbreitet, auch wenn sie nicht in jeder Kultur, in jeder Religionstradition das gleiche Gewicht haben. In frühen Religionen spielen Schöpfungserzählungen eine herausragende Rolle. Sie vermitteln uns nicht nur einen Eindruck davon, was die Menschen früherer Zeiten über den Anfang der Welt oder eines Kulturgutes dachten, sondern auch welche Bedeutung solche Erzählungen im kultisch-religiösen und profanen Handeln einer Gemeinschaft besaßen.

Schöpfungserzählungen, wie wir diese Geschichten vom christlich-abendländischen Hintergrund her gewöhnlich nennen, gehören zur Kategorie des Mythos. Dieser griechische Begriff umfasst die Grundbedeutung „Wort, Rede, Erzählung", auch „Gedanke, Plan, Absicht". Auf Mythenkritiker des 6. Jahrhunderts v. u. Z. wie Xenophanes, Heraklit und andere geht das kritische Verständnis von Mythos im Sinne von etwas Unwahrem zurück: „Gerücht, erfundene, unbeglaubigte Geschichte". Auch heute gibt es viele Zeitgenossen, die eine ihnen unsinnig oder fragwürdig erscheinende Sache mit der Bemerkung abtun: „Ist doch alles nur Mythos!" Die griechischen Sophisten, Philosophen und Rhetoren des 5./4. Jahrhunderts v. u. Z., stellten Mythos und Logos einander gegenüber: Beide wollen belehren, wobei jedoch unter Mythos eine „bloße Erzählung ohne Beweisführung" mit offenem Eingeständnis der „Unverbindlichkeit" verstanden wird. Logos dagegen ist durch „Argumentieren und Begründen" gekennzeichnet. Platon setzte an die Stelle der Mythen die „Theo-logia", eine an der Vernunft ausgerichtete „Rede über das Göttliche". Die anthropomorphen, das heißt die menschengestaltigen Götter der Homerischen Mythen mit ihren allzu menschlichen Schwächen und Stärken, ihren Leidenschaften und Lüsten, stellen für Platon keine angemessenen Verkörperungen des Göttlichen dar. Bei der Diskussion von Erziehungsfragen zählt er zu den Hauptadressaten der Mythen Kinder und junge Menschen. Für den Philosophen, Logiker und Naturforscher Aristoteles (384–322) war Mythos das Verschwommene, Unklare, die Fabelei. Ähnlich abwertend ist die Bedeutung von Mythos im Neuen Testament. Der 1. Timotheusbrief spricht von „Fabeln" (1,4) und „unheiligen, albernen Geschichten" (4,7), die mit echter Frömmigkeit nichts zu tun hätten. Der Titusbrief grenzt sich vom Mythos folgendermaßen ab: „Dies Zeugnis ist wahr. Darum weise sie scharf zurecht, auf dass sie gesund werden im Glauben und nicht achten auf die jüdischen Fabeln und die Gebote von Menschen, welche sich von der Wahrheit abwenden" (1,13f.). Und im 2. Petrusbrief schließlich lesen wir die abgrenzenden Zeilen: „Denn wir sind nicht klugen Fabeln gefolgt, als wir euch kundgetan haben die Kraft und das Kommen unseres Herrn Jesus Christus" (1,16). Bis heute haftet die Bedeutung des Phantastischen, Unwahrscheinlichen, ja Erlogenen dem Wort Mythos in der jüdisch-christlichen Denk- und Sprachtradition an.

Gegenüber: Die Sybille Deïphobe von Cumae, der ältesten griechischen Ansiedlung in Italien. Die Sybille soll die Geburt Christi vorausgesagt haben. Bekannt wurde sie vor allem durch die Sybillinischen Bücher, eine Sammlung von Orakelschriften. Fresko von Michelangelo Buonarroti (1475–1564). Sixtinische Kapelle, Vatikan.

Wege der Mythendeutung

Die Geschichte der Mythendeutung beginnt mit der Religionskritik der griechischen Sophisten: Während der Begründer der eleatischen Philosophenschule Xenophanes (um 565–470 v. u. Z.) Anstoß an der „Menschlichkeit" der Götter nahm und die These vertrat, dass der Mensch sich Gott nach seinem Bilde geschaffen hätte, setzte der Philosoph und Rhetor Prodikos von Keos (2. Hälfte 5. Jahrhundert v. u. Z.) an der Nützlichkeitserwägung an: Die Menschen hätten die Götter in erster Linie als das verehrt, was für sie am nützlichsten war: Sonne, Mond, Gewässer, außerdem die großen Kulturbringer, die zuerst den Anbau von Wein, Getreide und anderer Nutzpflanzen gelehrt hatten. Auf den Schriftsteller Euhemeros von Messene (um 340–260 v. u. Z.) geht die gleichnamige, äußerst wirkungsvolle Deutung des Mythos zurück: Die Götter seien als Wohltäter und Erfinder verdiente Menschen gewesen, die nach ihrem Tod verehrt wurden. Demokrit (460–370 v. u. Z.) vertrat die Ansicht, dass Angst und Schrecken vor Blitz, Donner und Sonnenfinsternissen die Ursprünge von Religion und Götter gewesen seien.

Die frühchristlichen Apologeten (z. B. Tertullian, Clemens von Alexandrien) wollten die eigene Religion gegenüber ihren philosophischen und politischen Gegnern verteidigen. Dabei griffen sie zum Teil auf die religionskritischen Argumente der griechischen Antike zurück. Humanismus und Renaissance hatten ein großes Interesse an der Antike und an „heidnischer Mythologie". Das mythologische Wissen schöpfte man vor allem aus Vergil, Ovid und Horaz. Die italienischen Humanisten beurteilten die antike Mythologie unterschiedlich. Eine stärker christlich orientierte Richtung erkannte in ihr schwer wiegende Gefahren für den christlichen Glauben. Erasmus von Rotterdam (1466/69–1536), der bedeutendste Humanist, empfahl das Studium „heidnischer" Schriftsteller und forderte vom Lehrer eine enzyklopädische Bildung, zu der die Mythen gehörten. Schulordnungen des 18./19. Jahrhunderts erwähnten die Mythologie regelmäßig als Unterrichtsstoff. Es gab zahlreiche jugend- oder schulbezogene Mythologien.[5] Die Religionswissenschaft zur Zeit der Romantik eröffnete neue Zugänge zum Mythos. Der Gedanke eines „allgemeinen Gefühls des Göttlichen" führte der Göttinger Philologe Christian Gottlob Heyne (1729–1812) zur Ansicht, dass die Mythen menschliche Versuche darstellten, die ihn umgebende Natur zu begreifen. Heyne unterschied zwischen Mythos und Fabula, der literarischen Erfindung. Der Mythos war für ihn Ausdruck eines bestimmten Volksgeistes. Für den klassischen Philologen und Göttinger Professor Karl Otfried Müller (1797–1840), dessen „Prolegomena zu einer wissenschaftlichen Mythologie" 1825 erschienen, drückte der Mythos Grunderfahrungen des menschlichen Lebens im Umgang mit Natur und Gesellschaft aus. Der Philosoph Friedrich Wilhelm Joseph Schelling (1775–1854) sah in seinen „Vorlesungen zur Philosophie der Mythologie und der Offenbarung" (1808) im Mythos die sprachliche Einkleidung der Offenbarung. Georg Friedrich Creuzer (1771–1858) und Johann Joseph von Görres (1776 bis 1848) deuteten die allgemeine Religionsgeschichte als Mythengeschichte, der erste mit Blick auf die Welt Asiens, der zweite mit Bezug auf die allgemeine Welt der Völker. Jacob Grimms „Deutsche Mythologie" (1835) ließ den Mythos aus dem Monotheismus hervorgehen. Er sei jedoch in einen Vielgötterglauben zerlegt worden, habe sich aber in der lebendigen Volkstradition erhalten, um in Sagen, Märchen und Epen in einer für die nordische Religionswelt spezifischen Gestalt fortzuleben. Der seine Hauptwirkung in Oxford entfaltende, aus Dessau stammende Friedrich Max Müller (1832 bis 1900) gründete die Religionswissenschaft auf die Philologie. Sprache hebt den Menschen über das Reich der Natur hinaus. Durch einen Vergleich von Worten der indoeuropäischen Sprachfamilie rekonstruierte Müller die gemeinsame Welt der Arier, bevor sie sich in einzelne Völker aufteilten. Der frühe Mensch bediente sich einer „mythopoetischen" Sprache. Wegen der Orientierung seines Denkens am Konkreten wurden abstrakte Naturbegriffe anthropomorphisiert, und es entstanden die Mythen. Diese wurden von Generation zu Generation über Zeit und Raum fehlerhaft weitergegeben und dadurch entstellt. Müller zerlegte die Mythen in verschiedene Schichten in der Absicht, die ursprünglicheren, älteren entdecken zu können. Um einen Einblick in die frühe Phase menschlichen Denkens zu erhalten, setzte Müller auf die Etymologie, die Wurzelbedeutung von Namen.

Beliebt war im 19. Jahrhundert die euhemeristische Mythendeutung (vgl. S. 14): So wurden die Mythen als Vergöttlichung historischer Persönlichkeiten gewertet, galten auch als Versuche, schwer zu durchschauende astronomische und meteorologische Phänomene zu deuten. Nicht zu unterschätzen ist der Einfluss des jüdischen Psychoanalytikers und ersten Freud-Anhängers Otto Rank (1884–1939). In seinem frühen Werk „The Myth of the Birth of the Hero" (1932) untersuchte er klassische Geburtsmythen wie die der babylonischen Könige Gilgamesch und Sargon, aber auch die von Moses, Buddha und Jesus.

Der Psychoanalytiker Karl Abraham (1877–1925), der zum engsten Kreis um Sigmund Freud gehörte, glaubte, dass Mythen die erhaltenen Bruchstücke aus der Zeit des infantilen psychischen Lebens einer Rasse seien. Mythen deutete er sozusagen als „Traum der Massen", während Träume die Mythen eines Individuums seien.

Die moderne Mythendeutung ist ohne die Arbeiten des Philosophen Ernst Cassirer (1874–1945) nicht denkbar. Für ihn stellte „das mythische Denken" – neben Kunst, Sprache, Wissenschaft – eine der symbolischen Formen des geistigen Lebens dar. Cassirer deutete den Mythos als „Denkform", „Anschauungsform" und „Lebensform". Im zweiten Band seiner „Philosophie der symbolischen Formen" mit dem Titel „Das Problem einer ‚Philosophie der Mythologie'" (1925) deutete er den Mythos nicht von seinem narrativen Aspekt her als Erzählung. Er versuchte stattdessen, das „mythische Denken" zu rekonstruieren, das sich in Ritus und Kultus niederschlug. Stets ging es für Cassirer darum, dass der Mensch am Sakralen teilhat. Es geht um die Einheit des Clans, die Kommunion der Gemeinde, die sich erneuert, rettet oder gestiftet wird, indem das Profane mit dem Numinosen und Ganz-Anderen in Kontakt tritt.

Ein beträchtlicher Einfluss auf die Erforschung des Mythos geht bis heute von der Tiefenpsychologie Carl Gustav Jungs (1875–1961) aus. Er sah in den Mythen „in erster Linie psychische Manifestationen (…), welche das Wesen der Seele darstellen", „symbolische Ausdrücke für das innere und unbewusste Drama der Seele". Auf der Grundlage von über 80 000 schriftlich archivierten Traumanalysen gelangte Jung zur Auffassung, dass Mythen und Märchen Ausdruck der „Urbilder", der „Archetypen" seien. Wenn man die Psyche als eine Parabel betrachtet, so liegen die Archetypen, das „kollektive Unbewusste", unterhalb des persönlichen Unbewussten. Sie teilen sich dem Menschen in Traumbildern, hellsichtigen Visionen des Wachseins, in Symbolen und Mythen mit. Im Verlauf seiner Forschungsarbeit hat Jung den archetypischen Bereich weiter differenziert und im oberen Bereich „archetypische Bilder" (Traumgestalten, die dem Psychotherapeuten in seiner Analyse immer wieder begegnen), im unteren Bereich „archetypische Strukturen" ausgemacht.

Der aus Rumänien stammende Religionswissenschaftler Mircea Eliade (1907–1986), ein Grenzgänger zwischen den Wissenschaften, sprach der Religionswissenschaft die Aufgabe zu, einen „neuen Humanismus" zu fördern. Mit großem Sendungsbewusstsein wies Eliade dem Forscher eine Schlüsselrolle beim Verstehen

Gegenüber: Philemon, die Phantasiefigur eines alten Mannes, mit dem C. G. Jung lange Gespräche führte: „Er war, was die Inder als Guru bezeichnen." Philemon und andere Gestalten mit Weltkugel, von Jung 1917 gemalt. Privatbesitz.

unserer gegenwärtigen geistigen Situation zu. Sein kühnes Programm einer „totalen Hermeneutik" besteht darin, „jede Art des Zusammentreffens des Menschen mit dem Heiligen von den prähistorischen Zeiten bis zur Gegenwart zu entziffern und zu erklären". Eliade war von der Vision beseelt, das nichteuropäische, indische, archaische Material in „geistige Botschaften" für heute zu verwandeln. In „Myth and Reality" (1964) führte er aus, dass der „im Anfang" spielende Mythos eine heilige Geschichte vom Beginn irgendeiner Realität erzähle: von Welt, Menschen, Inseln, Pflanzen, gesellschaftlichen Institutionen. Immer seien Mythen „wahre Geschichten". Sie lieferten exemplarische Modelle für alle bedeutenden menschlichen Handlungen (Essen, Sexualität, Arbeit, Erziehung u. a.). Mythen seien immer und überall rituell aufgeführt worden. Der Mythos gibt nach Eliade nicht nur Auskunft darüber, „wer wir waren", sondern auch darüber, „wer wir sind". Diese Ansicht verbindet Eliade und C. G. Jung, mit dem er seit 1950 die Eranos-Tagungen in Ascona veranstaltete. Der seit 1957 in Chicago lehrende Eliade wies immer wieder auf das „Absinken der Mythen" hin, auf ihr Fortleben als Ballade, Roman, Legende. Mythen überdauern oft die Zeit, leben in modernen Ideologien, in den Erzeugnissen der Massenkommunikation weiter. Das Phänomen der „Sehnsucht nach dem Ursprung" (1973), wie es sich in archaischen Gesellschaften findet, bricht in religiösen Reformbewegungen ebenso auf wie im Stolz auf die eigene Nation oder im Rassenwahn der Nationalsozialisten. Nach Eliade hat es nie eine Zeit gegeben, die ohne Mythen ausgekommen wäre.

„Von der Wahrheit des Mythos" lautete der Titel eines 1950 erschienenen Beitrages von Raffaele Pettazzoni (1883–1959), dem bedeutenden italienischen Religionshistoriker. Mythen sind nach seinem Verständnis „wahre Geschichten", im Unterschied zu den „falschen". Diese Unterscheidung geht zurück auf Vorstellungen in verschiedenen Ethnien. Demnach ist der Mythos keine Fabel, keine erdichtete Geschichte, sondern „geheiligte Geschichte". „Das wahrhafte Wesen des Mythos ergibt sich aus seinem Inhalt, indem er aus Berichten über tatsächlich vorgefallene Geschehnisse besteht, beginnend mit den großartigen Ereignissen der Welt-Entstehung und des Todes, vom Ursprung der Tier- und Pflanzengattungen, der Jagd und des Feldbaues, vom Ursprung des Feuers, des Kultlebens und der Initiationsriten, aber auch vom Ursprung der schamanistischen Gesellschaften und ihrer heilkundigen Kräfte. Es sind das weit zurückliegende Geschehnisse, die den Anfang des gegenwärtigen Lebens bedeuten, ihm seine Grundlagen gaben. Aus diesen Geschehnissen leitet sich die gegenwärtige Gesellschaftsstruktur her und bis auf den heutigen Tag hängt alles von ihnen ab. Die im Mythos handelnden göttlichen oder übermenschlichen Gestalten, ihre außergewöhnlichen Unternehmungen, ihre wunderlichen Abenteuer, eine ganze Welt voller Wunder, bilden eine transzendente Wirklichkeit, die nicht in Zweifel gezogen werden kann, denn sie ist die Voraussetzung und unerlässliche Bedingung der jetzigen Wirklichkeit."[6]

Beachtliches Aufsehen erregen die Arbeiten des strukturalistisch arbeitenden Soziologen, Ethnologen und Religionswissenschaftlers Claude Lévi-Strauss (geb. 1908). Nach seiner Auffassung liegt die „Substanz des Mythos weder im Stil noch in der Erzählweise oder der Syntax, sondern in der Geschichte, die darin erzählt wird". Für Lévi-Strauss ist „die Logik des mythischen Denkens (...) so anspruchsvoll wie die, auf der das positive Denken beruht, und im Grunde kaum anders. Denn der Unterschied liegt weniger in der Qualität der intellektuellen Operationen als in der Natur der Dinge, auf die sich diese Operationen richten. Übrigens haben die Technologen dies schon längst auf ihrem Gebiet festgestellt: eine eiserne Axt ist nicht wertvoller als eine Steinaxt, nur weil sie ‚besser gemacht' ist. Beide sind gleich gut gemacht, aber Eisen ist nicht dasselbe wie Stein. Vielleicht werden wir eines Tages entdecken, dass im mythischen und im wissenschaftlichen Denken dieselbe Logik am Werke ist und dass der Mensch allezeit gleich gut gedacht hat."[7] In „Das wilde Denken" (1968) deutete Lévi-Strauss die Mythen als Ausdruck objektivierten Denkens, das sich zum wissenschaftlichen Diskurs verhält wie die „Bastelei" (bricolage) zum systematisierten Vorgehen des Technikers. Dass die Strukturen des Mythos der Musik näher stehen als der Sprache ist eine Erkenntnis, die Lévi-Strauss in seinen vierbändigen „Mythologica" (1971–1975) formulierte.

Für den englischen Religionswissenschaftler Ninian Smart (1927–2001) zählte die „mythologische Dimension" zu insgesamt sechs Dimensionen, die Religion konstituieren. Der Gebrauch des Begriffes Mythos im Sinne einer Geschichte hat für Smart nichts mit richtig oder falsch zu tun. Mythos meint nicht nur eine Geschichte von Gott und Göttern, sondern bezieht sich auch auf „historische Ereignisse von religiöser Bedeutung"[8], gleichgültig, ob sie sich historisch ereignet haben oder nicht. So ist zum Beispiel der Exodus der Juden aus Ägypten ebenso ein Mythos wie andere „historische" Ereignisse.

Der englische Schriftsteller und Philologe John Ronald Reuel Tolkien (1892–1973) schuf die Romantrilogie „Der Herr der Ringe" (1954/55), die in der Phantasiewelt „Mittelerde" spielt. Das Werk handelt von dem mythischen Kampf zwischen Gut und Böse. Eine Schlüsselszene des zweiten Teils „Die zwei Türme" spielt in den Ruinen der einst mächtigen früheren Hauptstadt des Reiches Gondor, Osgiliath, von den Elben „Zitadelle der Sterne" genannt.

Filmposter: Im Hintergrund der weise Gandalf, rechts daneben der Hobbit Frodo. In der Mitte der Königssohn Aragorn, rechts daneben die Elbenprinzessin Arwen. Ganz links der Elbe Legolas. Davor der treue Hobbit Sam. Dahinter das Zwergenoberhaupt Gimli. Vorne im Bild (klein) der zwiespältige Gollum. Rechts daneben der böse Zauberer Saroman. Neben Gimli (rechts) Éowyn, die Nichte von König Theoden.

Merkmale des Mythos

Seiner literarischen Form nach ist der Mythos ein narrativer, erzählender Text, eine Geschichte mit Anfang, Mitte und Ende. Mythen sind keine Märchen, obgleich sie von ihrer Grundstruktur ähnlich sind. Märchen wollen unterhalten, entspannen, die Zeit vertreiben, während der Mythos inhaltlich Verbindliches aussagt. Er handelt davon, was sich in illo tempore, damals, im Anfang, vor aller Zeit an Grundlegendem, Prinzipiellem ereignet hat, wie phantastisch es auch erscheinen mag. Der Mythos ist keine primitive Göttergeschichte, „in der die hohen Gestalten der Götter die Hauptrolle spielen". Dieses Missverständnis geht auf den Alttestamentler Hermann Gunkel (1862–1932) zurück, einem der Hauptvertreter der „Religionsgeschichtlichen Schule", zu denen evangelische Göttinger Theologen um die Schwelle zum 20. Jahrhundert gehörten. Genau genommen erzählt der Mythos nicht nur von Gott und Göttern, sondern in einem viel allgemeineren Sinne von verschiedenen Wesen der „anderen Wirklichkeit", wozu Gott, Götter, Geister, Engel, Dämonen, Teufel, Urmenschen und so weiter zählen. Außerdem geht es um den Umgang dieser transzendenten Wesen mit Menschen. Ein Mythos wird erzählt, um den Zuhörern die eigene Welt- und Lebenserfahrung „vorzustellen" und zu erschließen. Darüber hinaus gibt es nicht-verbale Formen, einen Mythos auszudrücken: zum Beispiel rituelle Formen wie das Drama. Auch in Bildern werden Mythen dargestellt, wie die zahlreichen Beispiele aus der altvorderorientalischen, griechischen, indischen Religionsgeschichte demonstrieren. Die Bilder vorgeschichtlicher und schriftloser Kulturen sind nicht einfach Bebilderungen, Illustrationen von Texten, sondern „beziehen sich ihrerseits unmittelbar auf einen in der Kultur verankerten Wissensfundus."[9]

EINLEITUNG

Vorgeschichtliche afrikanische Felsmalerei. Die Bilder vorgeschichtlicher und schriftloser Religionen sind nicht einfach Bebilderungen, Illustrationen von Texten. Sie greifen auf einen in der Kultur verankerten Wissensschatz zurück. Simbabwe, Frobenius-Institut, Frankfurt/Main.

Rituelle Vergegenwärtigung

Mythen werden oft rituell realisiert, also in der Gegenwart nachvollzogen.[10] Bekannte Beispiele sind die Karfreitags-, Ölberg-, Oster- und Passionsspiele insbesondere im alpenländischen Raum, aber auch darüber hinaus, zum Beispiel in Schuld/Eifel. Passionsspiele sind auch bei den Schiiten sehr beliebt. Sie haben ein besonderes Verhältnis zu Leiden und Märtyrertum, das durch die Umstände beim Tod Husains im Jahre 661 in Kerbala bedingt ist. Sein Tod wird als Opfertod gedeutet. Klagen und Weinen gehören zum Ritual der Wallfahrten zu den Schreinen der Imame. Seit der 2. Hälfte des 18. Jahrhunderts gibt es schiitische Passionsspiele. Prozessionen und Gesänge gehören zu ihren Bestandteilen. Neben den rituellen Aufführungen, welche die historischen Ereignisse von Kerbela darstellen, werden Prozessionen mit sich geißelnden Männern veranstaltet. Auch die Theateraufführungen des hinduistischen Mahabharata- und des Ramayana-Epos stellen Ritualisierungen des Mythos dar.

Die Kreuzigung Jesu und zweier Verbrecher als Passionsspiel. Solche geistlichen Dramen vergegenwärtigen das Leiden und Sterben Jesu. Passionsspiele, die oft mehrere Tage dauern, sind in den katholisch geprägten Gegenden Bayerns und Österreichs verbreitet.

Verbale Vergegenwärtigung

Der jüdische Sederabend ist ein Beispiel für die verbale Vergegenwärtigung von Mythen. Das 2. Buch Mose erzählt von dem befreienden „Auszug" (Exodus) des „Volkes Israel" aus ägyptischer Knechtschaft. Religionswissenschaftlich gesehen ist der Exodus ein Mythos, wie viel Historisches sich auch mit ihm verbindet. Jahr für Jahr wird dieser Mythos vom Auszug am Sederabend des Pessachfestes rituell vergegenwärtigt. Höhepunkt des Festes ist der nach einer bestimmten liturgischen „Ordnung" (Seder) verlaufende Familiengottesdienst. Die Juden sollen sich mit dem aus Ägypten ausziehenden Volk identifizieren:

„Und hätte der Heilige, gelobt sei er, unsere Väter nicht aus Ägypten geführt, dann wären wir und unsere Kinder und Kindeskinder dem Pharao in Ägypten dienstbar geblieben.

Und wären wir alle auch Weise, Verständige, erfahrene Greise und Kenner der Thora, es bliebe dennoch unsere Pflicht, den Auszug aus Ägypten zu erzählen, und jeder, der den Auszug aus Ägypten ausführlich erzählt, ist rühmenswert."[11]

Schöpfungsmythen

Unter den Mythen nehmen die Schöpfungserzählungen einen herausragenden Platz ein. Zwar haben sie nicht in jedem Kulturkreis das gleiche Gewicht, sind aber trotzdem weit verbreitet. Man unterscheidet sie von den Weltwerdungsmythen, die nicht von dem schöpferischen Akt einer Gottheit, sondern von einem evolutionären Prozess, einer Weltentfaltung, sprechen und alles aus einem göttlichen Urprinzip hervorgehen lassen.

Die Bezeichnungen Schöpfungsmythos oder Schöpfungserzählung sind zu religionswissenschaftlichen Begriffen geworden, auch wenn ihre Herkunft aus der griechisch-lateinisch bestimmten theologischen Sprachtradition der jüdisch-christlichen (monotheistischen) Religionsgeschichte unverkennbar ist. Der jüdische und der christliche Schöpfungsbegriff setzen einen einzigen (monos) Gott als Schöpfer sowie einen Anfang in der Zeit voraus. Religionen, die sich selbst als monotheistisch verstehen, setzen mit ihrem Konzept des einzigen Gottes einen Maßstab, der für andere Religionsformen und ihre „Schöpfungs"-Vorstellungen untauglich ist.

Gegenüber: Der Zug der Israeliten durch das Rote Meer. Exodus 14,15–18.
Mosaik, 1. Hälfte des 5. Jahrhunderts, in der Kirche Santa Maria Maggiore, Rom.

Folgende Doppelseite: Gott trennt mit gebietender Geste am dritten Schöpfungstag Sonne und Mond. Fresko (Ausschnitt) von Michelangelo Buonarroti (1475–1564) in der Sixtinischen Kapelle, Vatikan.

Unterschiedliche Zeit- und Raumverständnisse[12]

Der Indologe und Religionswissenschaftler Frederic Spiegelberg (1897–1994) hat auf die Bedeutung des Historischen für das Christentum hingewiesen: „Keine andere Religion war derart auf ein datierbares Ereignis – gelitten unter Pontius Pilatus – festgelegt. Keine andere Religion hat die Zeit derart eindeutig zum Ort der Erlösung, zum Raum der Entscheidung erklärt, in dem sich der Mensch zu bewähren hat. (...) Im Westen gewinnt er absolute Bedeutung, im Osten nur relative."[13]

Muslime haben ein „raumartiges Zeitverständnis". Der Zeitbegriff des Korans „erweist sich vielmehr raumartig als ein in sich geschlossenes unveränderliches Wo der Ereignisse. In Raum und Zeit, beide als Wo, finden die Ereignisse in einem bloß zufälligen, aber in keinem notwendigen Zusammenhang statt." Gott hätte den Gang der Geschichte auch völlig anders gestalten können.[14]

Wenn wir über den Horizont dieser drei heute wegen ihres gemeinsamen Bezugspunktes Abraham oft „abrahamitisch" oder „abrahamisch" genannten Religionen hinausgehen, so wird der Schöpfungsbegriff im oben dargelegten Sinne immer fragwürdiger. Hindus haben eine andere Vorstellung von der Zeit als wir. Sie denken in kosmischen Zeiträumen: Was bis jetzt noch nicht geschehen ist, mag im nächsten Zeitalter verwirklicht werden. Nach der indischen Mythologie zerfällt jeder Weltzyklus in vier Weltzeitalter (Yuga). Im ersten Yuga hat Dharma, die „Seins- und Sollensordnung" (Gustav Mensching), für alle Lebensbereiche Gültigkeit, und die Menschen werden bereits tugendhaft geboren. Doch Kala, „die Zeit", gibt dem geschichtlichen Geschehen eine negative Wertigkeit. Dharma verliert an Einfluss, die Menschen müssen ihre Tugenden und Pflichten erst lernen. Im letzten Zeitalter Kali Yuga liegt Dharma danieder. Bis zur Auflösung geht der Weg stetig und unaufhaltsam bergab. Danach setzt ein neuer Zyklus ein. Und die gleichen Ereignisse wiederholen sich. Jedes Lebewesen durchwandert die Stufenfolge der Existenzformen hinauf und hinab: von den Göttern zu den Mikroorganismen. Dabei wird es in eine der verschiedenen Welten, Himmel oder Höllen hineingeboren. Der Hinduismus bietet verschiedene Lösungen an, diesen Prozess zu überwinden und jedes Wesen zu befreien. Die Erlösung wird durch verschiedene Reinigungsrituale erreicht, durch das Aufarbeiten des schlechten Karmas und durch das Aufgeben weltlicher Begierden. Für Hindus oder Buddhisten gibt es weder einen absoluten Anfang (Schöpfung) noch ein absolutes Ende (Gericht). Von daher erfahren auch Leben und Tod eine andere Wertung.

Für Afrikaner ist die Zeit weder linear noch zyklisch. Die Geschichte bewegt sich von der Gegenwart aus zurück und besitzt keine eigentliche Zukunft. Ostafrikanische Sprachen besitzen überhaupt kein Wort für Zukunft – höchstens unterschiedliche Begriffe für unterschiedliche Zukünfte.

Auch der Raum[15] wird in den Religionen unterschiedlich wahrgenommen. Wie der sinnliche Wahrnehmungsraum, so ist für mythisches Bewusstsein jede Stelle des Raumes mit einem bestimmten Inhalt belegt. Darüber hinaus aber wird sie auch mit wertmäßigen

---

Gegenüber: Das „Rad des Lebens" (Bhava Chakra) stellt in seinem äußeren Ring bildhaft als Kettenglieder die zwölf Bedingungen dar, die erfüllt sein müssen, damit der Strom der Wiedergeburten entstehen und bestehen kann. Die Lebewesen können in sechs Reichen existieren: Himmel, eifersüchtige Götter, Menschen, Höllen, Hungergeister, Tiere. In der Radnabe sind drei sich gegenseitig fressende Tiere dargestellt: Schwein (Unwissenheit), Hahn (Gier), Schlange (Hass). Yama, der Gott der Unterwelt und Symbol des Todes, hält das Rad in seinen Händen. Privatbesitz.

Akzenten versehen und bekommt eine jeweilige spezifische „Tönung": Ein Wolf, der von rechts kommt, ist nicht derselbe Wolf, wenn er von links kommt. Es gibt Religionen, wie zum Beispiel die ägyptische, die raumorientiert sind und ihre Besonderheit aus der geographischen Lage ableiten. China versteht sich als „Volk der Mitte". Mircea Eliade hat auf die Bedeutung des heiligen Raumes und auf den besonderen Symbolismus der „Mitte der Welt" hingewiesen, wie er beim Bau von Häusern, Tempeln und Städten sichtbar wird. Auch die jüdische Religion, deren Erwähltheitsgedanke zeitlich orientiert (Exodus) ist, dokumentiert durch die Vorstellung des heiligen Landes eine starke Raumorientierung: Ein Gott, ein Volk, ein Land (Erez Israel).

Schöpfungserzählungen stehen in einem bestimmten lebens- und glaubensmäßigen Gesamtzusammenhang.[16] Damit sind nicht nur die Bestimmung von Zeit, Ort und näheren Umständen der Abfassung einer Erzählung gemeint, sondern auch die geistigen, kulturellen, sozialen und politischen Rahmenbedingungen. Ehe Mythen zu bloßen Erzählungen wurden, waren sie einmal in konkrete religiöse Lebenssituationen eingebettet.

Viele Mythen haben einen Gegenwartsbezug. Sie wollen nicht nur „wissenschaftliche" Erkenntnisse über den Ursprung von Welt und Geschöpfen ausbreiten, sondern dazu beitragen, das gegenwärtig bedrohte Leben abzusichern. Mythen begleiten kritische Augenblicke im menschlichen Leben. So wurde zum Beispiel die akkadische Erzählung von der Erschaffung des Menschen als Gebet am Geburtslager gesprochen. Man setzte damit die Urtat des Schöpfergottes in Beziehung zur konkreten Geburt eines Kindes. So wie von jenem urtümlichen Tun ein Segen für die Menschen ausging, so erflehte man diesen Segen nun für ein konkretes Kind. Die Schöpfungserzählung wurde zu „magisch-religiösen Geburtshelferdiensten" verwendet. Nicht nur in ausgestorbenen, auch in den ethnischen Religionen der Gegenwart gilt dies, zum Beispiel in Polynesien. Wenn eine Prinzessin ein Kind erwartet, versammeln sich Tänzerinnen und stimmen Gesänge an, die auf Vorfahren und Weltanfänge zurückgreifen. Die Frauen tanzen und singen so lange, bis das Kind zur Welt gekommen ist. „Das Heranwachsen eines Häuptlings im Mutterleib bietet Gelegenheit für eine symbolische Neuschöpfung der Welt, und ihr Vollzug ist sowohl Erinnerung als auch rituelle Reaktualisierung der wesentlichen mythischen Ereignisse."[17]

Viele Mythen beginnen mit der stereotypen Formel „Im Anfang", „Damals", „Anfangs", „Im Urbeginn". In ägyptischen Texten lesen wir oft „Beim ersten Mal". Gemeint ist damit nicht unbedingt der Anfang der Zeit schlechthin, sondern der Beginn eines zeitlich begrenzten Geschehens. „Das ‚erste Mal' schließt Folgezeiten, ja zahllose periodische Wiederholungen ein. Der Schöpfungsakt hat sich also für den Ägypter nicht irgendwann einmal in grauer Vorzeit abgespielt, sondern zu Anfang des Bestehens einer ihm bekannten Einrichtung, etwa der Errichtung des Königtums oder des Tempels. Der Beginn einer neuen Herrschaftsperiode oder der Neubau eines Tempels musste sich nach ägyptischer Vorstellung in der Weise vollziehen, wie das erste Königtum etabliert, der erste Tempel errichtet wurde. Folglich wurden bei der Inthronisation des Königs oder bei der Fundamentlegung des Tempels Riten beachtet, die ‚das erste Mal' dieses Geschehens vergegenwärtigen und dabei durchaus Bezug zum ‚ersten Mal' der Weltschöpfung haben. Die Fundamente eines Tempels mussten zum Beispiel so tief ausgehoben werden, dass das Grundwasser sichtbar wurde, das Symbol jenes Chaosmeeres, das die Welt umgibt und auch unterspült. Der Anfang einer Ordnungsstiftung muss ständig erneuert und verjüngt werden, damit sie nicht verblasst und ihre Kraft verliert."[18]

1. Gustav Mensching: Die Idee der Sünde. Ihre Entwicklung in den Hochreligionen des Orients und Occidents, Leipzig 1931.
2. Mircea Eliade: Gefüge und Funktion der Schöpfungsmythen. In: Die Schöpfungsmythen: Ägypter, Sumerer, Hurriter, Hethiter, Kanaaniter und Israeliten, Darmstadt 1977, S. 33.
3. Gustav Mensching: Die Religion, Stuttgart 1959; zitiert nach der Taschenbuchausgabe München 1966, S. 15.
4. Felicitas D. Goodman: Die andere Wirklichkeit, München 1994.
5. Vgl. Udo Tworuschka: Die Geschichte nichtchristlicher Religionen im christlichen Religionsunterricht. Ein Abriss, Köln-Wien 1983, S. 64ff.
6. Raffaele Pettazzoni: Die Wahrheit des Mythos. In: Paideuma, Bd. IV, 1950, S. 1–10, hier S. 4.
7. Claude Lévi-Strauss: Strukturale Anthropologie, Frankfurt/Main 1972, S. 253f.
8. Ninian Smart: The Religious Experience of Mankind, Glasgow ⁷1977, S. 18.
9. Aleida und Jan Assmann: Artikel Mythos. In: Handbuch religionswissenschaftlicher Grundbegriffe, Bd. IV, Stuttgart u.a. 1998, S. 179–200, hier S. 189.
10. Der griechische Mythos lässt sich offensichtlich nicht aus dem Ritual ableiten und ist allem Anschein nach nicht die Grundlage von Kulthandlungen gewesen. Vgl. Karl Hoheisel: Mythos und Mythologie in Griechenland. In: Bernd Michael Linke (Hg.): Schöpfungsmythologie in den Religionen, Frankfurt/Main 2001, S. 49–74, hier S. 55f.
11. Aus Haggadah schäl päsach. Die Pessach-Haggadah. Übersetzt von Ph. Schlesinger, Tel Aviv 1970. Zitiert in: Heinz-Jürgen Loth: Judentum. In: Udo Tworuschka/Dietrich Zilleßen (Hg.): Thema Weltreligionen, Frankfurt/Main-München 1977, S. 145–154, hier S. 145f.
12. Ernst Benz: Über das Verstehen fremder Religionen. In: Mircea Eliade/Joseph Kitagawa (Hg.): Grundfragen der Religionswissenschaft, Salzburg 1959, S. 9ff.
13. Frederic Spiegelberg: Die lebenden Weltreligionen, Frankfurt/Main 1977, S. 586.
14. Abdoldjavad Falaturi: Zeit- und Geschichtserfahrung im Islam. In: Ders.: Der Islam im Dialog, Köln ²1979, S. 17–35.
15. Ernst Cassirer: Philosophie der symbolischen Formen, Bd. II, Darmstadt 1958. – Hans-Joachim Klimkeit: Das Phänomen der Grenze im mythischen Denken. In: Ernst Benz (Hg.): Die Grenze der machbaren Welt, Leiden 1975, S. 95–111.
16. Hans-Joachim Klimkeit: Schöpfung. In: Udo Tworuschka/Dietrich Zilleßen (Hg.): Thema Weltreligionen, a. a. O., S. 79–87.
17. Mircea Eliade: Mythen und Mythologien. In: Sergius Golowin u.a.: Die großen Mythen der Menschheit, Luzern 1998, S. 18.
18. Klimkeit, a. a. O., S. 83.

MYTHISCHE WELTSTRUKTUREN

1

Jede Religionstradition entwickelt ihr eigenes Weltbild, trifft Unterscheidungen wie Diesseits und Jenseits, Kultur und Natur. Stets zielen die Weltbilder dabei auf das Ganze ab, wollen alles umfassen, was dem Menschen tagtäglich begegnet, entwerfen den Aufbau der Gesellschaft und ein System der Werte. Der Himmel steht dabei für das sich dem Menschen Entziehende. Über die Erde dagegen verfügt der Mensch zumindest teilweise.

2

1 Mythische Weltstruktur der vorkolumbischen Azteken, aus dem mexikanischen Codex Fejervary-Meyer. Im Zentrum des Alls wohnt der Feuergott Xiutecuhtli, umgeben von den vier Weltrichtungen. Merseyside County Museum, Liverpool.

2 Ein modernes Modell der mythischen Welt. Zeichnung von Franz Coray, Luzern. Privatbesitz.

3 Gott als Vater der Welt. Berthold-Missale, 13. Jahrhundert.

4 Himmelskarte von G. C. Einhart.

5 Die sieben Planeten auf ihren Wegen um die Erde. Miniatur, 15. Jahrhundert. Bibliothèque nationale, Paris.

SCHÖPFUNG DURCH TRENNEN UND AUFTEILEN

Viele Mythen beschreiben den Zustand vor der Welt als Chaos, Urmeer, tosende Wasserflut, ungestaltete Masse, als Ei, Urriesen und Meeresungeheuer. Vor aller Schöpfung herrschte amorphe, undifferenzierte Einförmigkeit, oder wie die Snorra Edda, eine Übersicht der nordgermanischen Kosmogonie, schreibt: „Gähnung grundlos". Solche Vorstellungen gehören mit zu den frühesten kosmogonischen Konzepten. In der mittelsteinzeitlichen Kultur Lepenski Vir auf der Donauterrasse nahe dem Eisernen Tor hat man rund 8 000 Jahre alte Geröllsteine mit Skulpturen ausgegraben, die menschenähnliche Fische zeigen. Nach dem Ausgräber Dragoslav Srejovic symbolisieren sie „Illustrationen eines Mythos von der Entstehung und Ordnung der Welt" aus der Urflut. Zu den Grundelementen dieses Mythos gehören „der Geröllstein als Symbol der Geburt aus Wasser und Stein, Skulpturen, die fischartige menschliche Wesen darstellen (Urahnen), und der Hirsch mit seinem für stetige Erneuerung stehenden Geweih."[1]

Bei der kosmogonischen Vorstellung vom „Erdtaucher" geht es darum, dass eine Gottheit selbst auf den Grund des Urmeeres taucht und von dort ein Stückchen Erde heraufholt, oder einen Wasservogel beziehungsweise ein amphibisches Tier schickt, um diesen Auftrag auszuführen. Aus dieser Materie entsteht die ganze Welt. Weit verbreitet ist das Motiv vom kosmogonischen Ei, in dem alles zu einer Ureinheit verschmolzen war, und Himmel und Erde noch ungetrennt waren. Himmel und Erde werden oft als Welternpaar betrachtet, aus deren Hochzeit die Schöpfung hervorgeht. Irgendwann kam es zur Trennung zwischen den beiden, und fortan entstand ein Raum zwischen Oben und Unten, in dem der Mensch leben kann. Auch unabhängig vom Welternmythos ist das Motiv des „heiligen Streits" bezeugt, der zur Trennung führt. Bei den Ngadju-Dajak auf Borneo führen seit Anbeginn die Gottheiten der Ober- und Unterwelt durch mythische Handlungsträger

Schöpfung durch Trennen und Aufteilen

Krieg gegeneinander: Aus dem Chaos entstehen Mensch und Welt.

Zur Kategorie des Trennens und Aufteilens gehören zwei sehr bedeutsame Typen von Zerstückelungsmythen: die Zerstörung eines chaotischen Urriesen oder Meeresungeheuers und das freiwillige Selbstopfer eines Urwesens. Beide Urwesen liefern das Material, aus dem unsere Welt mit allen ihren Teilen geschaffen wird. Solche Zerstückelungskosmogonien gehören zu einem Mythenkomplex, der nach Hermann Baumann in vielfacher Ausgestaltung in einem großflächigen Raum, im ganzen Gürtel der Hochkulturen auftritt.[2]

Oben: Der babylonische Gott Marduk, der für die kosmische Ordnung steht, erschlägt das Seeungeheuer Tiamat (Chaos). Aus Tiamats Körper bildet Marduk dann die gesamte Welt. British Museum, London.

Gegenüber: Diese Steinskulptur stammt aus der Fundstätte von Lepenski Vir an der Donaumündung im Eisernen Tor. Zwischen 6 500 und 4 500 v. u. Z. herrschte dort eine Kultur, die von der Wissenschaft in mehrere Zeitabschnitte eingeteilt wird. Die Menschen der letzten Phase (Lepenski Vir III, ab 5 300 v. u. Z.) gelten als die bisher älteste bekannte sesshafte Population Europas und lebten von Ackerbau und Viehzucht. Ob es sich bei dem fischähnlichen Wesen um einen menschlichen Urahnen oder um die Darstellung einer Donaugottheit handelt, ist unklar. Nationalmuseum, Belgrad.

Das Ordnen des Urchaos

Die Welt entsteht aus dem Urmeer (Ägypten)

Urmeer und Urwasser sind die chaotischen Mächte, aus denen die alten Ägypter die Welt entstehen ließen. Die beiden ersten Quellen stammen aus den Überlieferungen der bedeutenden Heiligtümer von Hermopolis und Theben. Darüber hinaus gibt es kosmogonische Mythen aus anderen berühmten Zentren wie Heliopolis, Memphis und Esna. Die von Heliopolis, Hermopolis und Memphis ausstrahlenden kosmogonischen Gedanken beeinflussten sich auch untereinander.

Hermopolis, das heutige Eschmunên, liegt etwa 300 Kilometer südlich von Kairo in Mittelägypten. Die Gelehrten dieses Heiligtums teilten die Auffassung vieler ägyptischer Schöpfungstexte von einer Urmaterie, die das Rohmaterial für alles daraus Entstehende enthält: der Urozean Nun, „grenzenlose Wasserfläche", „unvergleichliches Chaos", „Gegenbild alles Seienden". Auch das daran anschließende zweite Motiv vom „Urhügel" ist in den meisten ägyptischen Schöpfungstexten anzutreffen. Als weder Himmel noch Erde existierten, schuf die Gottheit einen ersten kleinen „Lehmhügel". In anderen Texten sind Ausdrücke wie „Sandhügel", „hoher Hügel", „Emporgetauchtes" zu finden. Auf dem Urhügel öffnete sich das Ur-Ei, aus dem Amun hervorging. Es gab in Ägypten nur wenige Orte, die nicht den Anspruch erhoben, der erste Hügel zu sein, der aus Nun hervorging. Den Ägyptern war die Vorstellung des aus dem Wasser auftauchenden Urhügels unmittelbar verständlich; denn jedes Jahr überschwemmte im Sommer der Nilstrom die Ebene. Wenn das Wasser zurückwich, „ging" die Erde aus der träge ruhenden Umschwemmungsflut „heraus" und konnte wieder landwirtschaftlich genutzt werden.

Der Gott Amun, „der Verborgene", taucht zu Beginn des Mittleren Reiches zum ersten Mal in der Götterlehre Thebens auf. Dargestellt wird er in menschlicher Gestalt mit einer Federkrone, aber auch gelegentlich als Widder mit gebogenen Hörnern. Amun gehört zu den ägyptischen Großgottheiten und verdankt seine Stellung der erfolgreichen Politik der thebanischen Könige. Zur Zeit des Mittleren Reiches, als Theben Reichshauptstadt wurde, stieg Amun zum Reichsgott auf. Der Mythos erzählt, wie Amun aus dem Chaos oder Urwasser auftaucht und aus sich selbst aus einem Ei entsteht. Re ist die Gottheit der Sonne, und Ptah der menschengestaltige Stadtgott von Memphis.

Unter der „Achtheit" der Götter ist das hermopolitanische System von vier männlichen Göttern und ihren weiblichen Komplementen zu verstehen. Die Vierzahl war die heilige Zahl der Ägypter par excellence und stand für Ganzheit. Zu Ehren der „Achtheit" trug Hermopolis den Namen Chemenu, „die Stadt der Acht". Davon leitet sich der moderne arabische Name Eschmunên ab. Große Bedeutung gewann in Memphis die „Neunheit" der Götter, wie sie von Priestern in Heliopolis geschaffen worden war. Anfangs verstand man unter der Neunheit den Zusammenschluss von drei mal drei Gottheiten. In Heliopolis stand Atum dieser Neunheit vor, und auch in anderen Städten fügten Götterlehren ihrem jeweiligen Schöpfergott neun weitere Gottheiten hinzu. Nicht alle Neunheiten bestanden aber wirklich aus neun Göttern.

Am Anfang war nur das unendliche Urmeer Nun. Aus ihm wuchs ein Hügel empor, und auf dem Hügel des Uranfangs lag das verborgene Ei des großen Schnatterers. Aus ihm entstand Amon. Da hatte der Himmel noch keine Gestalt, und die Erde war nicht gebildet. Es gab noch keine Götter und Menschen. Nachdem Amon aus dem Ei hervorgetreten war, ordnete er das Dunkel, besiegte die Finsternis, so dass die Welt sichtbar wurde. Amon wurde Herrscher über Licht und Dunkelheit, und man rief ihn Re. Er ließ die Erde mit Göttern, Menschen und allen Lebewesen bevölkern. Amon regierte die Welt mit seiner Achtheit, die er geschaffen hatte, in großer Zufriedenheit.[3]

AMUN ERSCHAFFT DIE WELT (ÄGYPTEN)

Am Anfang, als die Urwasser die Welt bedeckten und außer dem Wasser nichts war, erhob sich aus dem Urwasser der Hügel des Uranfangs. Dieser trug ein großes Ei. Aus dem Ei entstand Amun. Er lebte wie eine Nilgans auf den Urwassern. Er schwamm über das Wasser und überlegte, was er gegen seine Einsamkeit tun könne. Aus sich selbst erschuf er die Göttin Amaunet. Dann erschuf er die Welt und alles, was in der Welt ist. Er gab der Welt den Befehl, dass sie entstehen soll. Und so geschah es.

Amun wurde der stärkste Gott in Theben und der Erste in Karnak. Dann wandte er sich nach Nubien und wurde dort König, ebenso wie im Goldland Punt. Als Chepra fuhr er in der Sonnenbarke über alle Völker hin. In Heliopolis aber nannte man ihn Atum. Seine Frau Amaunet ließ sich Mut rufen. Ihr Kind war Chons, dem Amun die Stadt Theben gab. Amun verlieh Chons die Gabe, auf seiner Töpferscheibe Menschen zu formen.

Amun rief die Götter der Neunheit, um die Welt zu gestalten. Zusammen mit Re und Ptah erschien er allen Völkern als alleiniger Gott. Amun, der Vater der Achtheit und der Neunheit, hat Ptah mit seinem Munde geschaffen. Er ist der Herr der Luft und aller Dinge, der Hauch des Lebens.[4]

Links: Amun wird menschengestaltig und mit blauer Hautfarbe dargestellt. Als Symbol seiner Macht über Luft und Licht trägt er eine mit zwei aufrecht stehenden Straußenfedern verzierte Krone. In der einen Hand hält er ein Zepter, in der anderen das Henkelkreuz: Symbol des Lebens. Amuns heiliges Tier ist der Widder.
Amun, um 1440 v. u. Z. Neues Reich, 18. Dynastie, Malerei auf Stein, Ausschnitt der Rückwand der Hathor-Kapelle im Tempel Thutmosis' III. in Theben-West (Deir el-Bahari). Ägyptisches Museum, Kairo.

Folgende Doppelseite: Am Tage fährt der Lichtgott durch die „Himmelswasser" nach Westen, um dann in der Nacht unter der Erde durch die „Wasser der Unterwelt" zurückzukehren. So ist er am neuen Morgen wieder im Osten.
Musée du Louvre, Paris.

Das Ordnen des Urchaos

ZUERST ENTSTAND DAS CHAOS (Griechenland)

In seiner „Theogonie", Abstammung der Götter, präsentiert der aus dem letzten Drittel des 8. Jahrhunderts v.u. Z. unserer Zeit lebende griechische Dichter Hesiod die bekannteste Form des griechischen Schöpfungsmythos. Hesiod war zunächst Schafhirte und Bauer, bevor er Dichter wurde und nach eigenen Angaben den ersten Platz eines Dichterwettkampfes errang.

Während sich in Homers Ilias nur vereinzelte Schöpfungsmotive finden, bietet Hesiod eine zusammenhängende, systematisierte Kosmogonie in erzählerischer Form, bei der er auf mündliche vorderorientalische Mythentraditionen und auf Motive bei Homer zurückgreift. Das Lehrgedicht enthält eine Theorie über die Entstehung aller Dinge. Im Anfang existiert das Chaos, das „Klaffende", der Schlund oder die gähnende Leere. Im Unterschied zu Ovid (43 vor bis ca. 17 u. Z.), der in seinen „Metamorphosen", Verwandlungen, von der Existenz des Chaos ausgeht, wird es nach Hesiod erst geschaffen. Aus dem Chaos entsteht Gaia, die Erde, die sowohl als Naturgewalt wie auch als Person verstanden wird. Genauer gesagt ist Gaia die „Wurzel" der Erde, das Ursprungselement, aus dem alles entsteht. Für Heraklit (um 540 bis um 480 v. u. Z.) ist es das Feuer und für Anaximenes aus Milet (um 585–525 v. u. Z.) die Luft. Damit alles „werden" kann, bedarf es bei Hesiod der Macht des Eros, die Gaia und den aus ihr hervorgegangenen Himmel Uranos miteinander vereint. Tag und Nacht entstehen nicht durch die Hochzeit und die anschließende Trennung von Himmel und Erde. In diesem Fall bringen die aus Gaia hervorgegangenen „Erebos", das Dunkle, und „Nyx", die Nacht, Äther und den Tag hervor.

Wahrlich, zuerst entstand das Chaos und später die Erde,
Breitgebrüstet, ein Sitz von ewiger Dauer für alle Götter, die des
Olymps beschneite Gipfel bewohnen
Und des Tartaros Dunkel im Abgrund der wegsamen Erde,
Eros zugleich, er ist der schönste der ewigen Götter;
Lösend bezwingt er den Sinn bei allen Göttern und Menschen
Tief in der Brust und bändigt den wohlerwogenen Ratschluss.
Aus dem Chaos entstanden die Nacht und des Erebos' Dunkel;
Aber der Nacht entstammten der leuchtende Tag und der Äther.
Schwanger gebar sie die beiden, von Erebos' Liebe befruchtet.
Gaia, die Erde, erzeugte zuerst den sternigen Himmel
Gleich sich selber, damit er sie dann völlig umhülle,
Unverrückbar für immer als Sitz der ewigen Götter,
Zeugte auch hohe Gebirge, der Göttinnen holde Behausung,
Nymphen, die da die Schluchten und Klüfte der Berge
bewohnen;
Auch das verödete Meer, die brausende Brandung gebar sie
Ohne beglückende Liebe, den Pontos ... [5]

41
DAS ORDNEN DES URCHAOS

Der Olymp (frühgriechisch „Berg") galt bei den Griechen als Berg des Himmelsvaters Zeus und seiner Gattin Hera, später auch als Sitz der anderen Götter. Bei Homer ist Zeus der Wolkensammler, der in der Höhe Donnernde, der Schleuderer der Blitze und Sender des Regens.
Gemälde, 1997, von Ullrich Gunter (geb. 1925), Aschaffenburg.

Im Anfang war die niemals alternde Zeit (Griechenland)

Der altgriechische Mysterienkult der Orphiker, der sich seit dem 7. Jahrhundert v. u. Z. vom nördlichen Thrakien aus über alle griechisch besiedelten Gebiete ausbreitete, führte seine Lehren auf Schriften des mythischen Sängers Orpheus zurück. Am Anfang der orphischen Schöpfungserzählung steht der von Anbeginn an seiende „Chronos", die Zeit, ein schöpferisches Urprinzip und Personifikation der Zeit. Chronos erzeugt das Chaos und den „Aither", Äther, womit der griechische Himmels- und Luftgott gemeint ist. Aither ist die Personifizierung der oberen reinen Luftschicht, wo sich die Gestirne befinden und die Götter leben. Chronos erschafft auch Erebos, die Personifizierung der dreifachen Kreise der Finsternis, die den abgrundtiefen Tartaros umgeben. Aus dem Weltenei geht schließlich die zweigeschlechtliche Gottheit Phanes hervor, von der es heißt, dass sie Sonne und Mond, Berge und Städte erschafft.

Im Anfang war die niemals alternde Zeit (Chronos) in Schlangengestalt. Dieser Chronos zeugte das unbegrenzte Chaos nebst dem feuchten Äther und dem finstern Erebos, und darin erzeugte er ein Ei, das in eine Wolke oder in ein Gewand gehüllt war, welches nachher zerriss. Aus dem Ei ging Phanes (der Ewige) hervor, mit goldenen Flügeln, auf den Schultern mit Stierköpfen und auf dem Kopfe mit einer Schlange. Er war Mannweib und heißt auch Protogonos (der Erstgeborene), Zeus und Pan.[6]

Das Ordnen des Urchaos

In der griechischen Mythologie ist Chronos die Personifikation der Zeit. Für die religiös-philosophische Bewegung der Orphiker im antiken Griechenland und im Hellenismus war er das Urwesen, aus dem das Weltenei entsteht. Vor allem in der Kunst der Renaissance und des Barock wurde Chronos als bärtiger Greis dargestellt. Seine beiden Symbole, Sichel und Sanduhr, stehen für Vergänglichkeit, zerrinnende Zeit und Tod. Bayerisches Nationalmuseum, München.

Das Ordnen des Urchaos

Gegenüber: Das Foto zeigt einen ordinierten Shinto-Priester (kannushi), der Gebete (norito) an die Kami des Atsuta-Schreins richtet. Dieser Schrein in der Stadt Nagoya birgt eine der drei kaiserlichen Regalien, das heilige Schwert von Kusanagi.

Anfang von Himmel und Erde (Japan)

Von einem Urchaos ist auch in dem japanischen Schöpfungsmythos die Rede, der aus dem Nihonshoki, den „Japanischen Annalen", stammt, kurz: Nihongi genannt. Diese aus 30 Bänden bestehende erste offizielle japanische Reichsgeschichte wurde im Jahre 720 u. Z. vollendet und erstreckt sich von den mythologischen Anfängen bis zum Jahre 697. Das Nihongi enthält eine andere kosmogonische Vorstellung als das Kojiki, „Aufzeichnung alter Begebenheiten", das von dem schöpferischen Zwillingspaar Izanagi und Izanami erzählt (s. S. 78).

Der Shinto, die einheimische Religion der Japaner kennt zwar allgemein akzeptierte Traditionen und Rituale, aber keine Dogmen beziehungsweise Dogmatik. Der Shinto gehört damit zu einer Kategorie von Religionen, die man im Unterschied zu den an richtiger, rechter Lehre interessierten ortho-doxen Religionen ortho-prax nennt. Der Shinto unterscheidet zwei Erschaffungsphasen: „Schöpfung" (Musubi) und „Formen und Festigen" (Shuri Kosei).[7] Der Kosmos entsteht nach der Nihongi-Überlieferung spontan aus dem Urei, „dem die beiden polaren Prinzipien miteinander innewohnen."[8] Der Text beginnt mit der für viele Schöpfungsmythen typischen Einleitungsformel „vor alters". Gemeint ist damit kein absoluter Anfangspunkt in der Zeit, sondern die prinzipielle, urtümliche Phase vor aller Zeit, in der sich Grundlegendes vollzieht. Das Nihongi erzählt keinen Schöpfungsvorgang durch einen personalen Erschaffer. Stattdessen ist von einem Urchaos die Rede, aus dem sich letztlich alles „bildet", „sich ausbreitet", zu etwas „wird", „Form annimmt", „entsteht", sich in etwas „verwandelt", etwas „hervorbringt". Geschildert wird ein evolutionärer Prozess, in dessen Verlauf auch die Götter (eigentlich die Kami, s. S. 78) entstehen.

Nach Eliade stellt das Urchaos, in dem Himmel und Erde miteinander vermischt waren, „die vollkommene Ganzheit und folglich auch die Androgynie dar. Die Trennung von Himmel und Erde bezeichnet zugleich das kosmogonische Ereignis schlechthin und das Zerbrechen der ursprünglichen Einheit."[9] Anfangs entsteht eine kleine, unbeständige und formlose Insel, vom Ozean umspült, auf der ein Schilfrohr wächst, aus dem die Kami entstehen. „Dieses ‚Schilfrohr' ist der inmitten des Welteneies eingeschlossene Keim. Es ist gleichsam ein pflanzenhafter ‚Grund': die erste Gestalt der Mutter Erde. Vom Augenblick ihrer Trennung an treten Himmel und Erde auch in menschlicher Gestalt, als Mann und Frau, in Erscheinung."[10]

Vor alters, als Himmel und Erde noch nicht voneinander geschieden und das weibliche und das männliche Prinzip nicht getrennt waren, bildeten sie ein Chaos, gleichsam wie ein Hühnerei, und in ihrer chaotischen Masse war ein Keim enthalten.

Das Reine und Helle davon breitete sich dünn aus und wurde zum Himmel; das Schwerere und Trübere blieb schwerfällig zurück und wurde zur Erde.

Bezüglich der Vereinigung des feinen Elementes war das Zusammenballen leicht; dagegen das Gerinnen des schweren und trüben Elementes kam nur schwer vollständig zustande.

Daher ward der Himmel zuerst, und erst hiernach nahm die Erde bestimmte Form an. Hierauf entstanden zwischen ihnen göttliche Wesen.

Daher heißt es, dass im Anfang der Weltschöpfung das Umherschwimmen des Länderbodens mit dem Schwimmen eines spielenden Fisches auf dem Wasser zu vergleichen war.

Nun entstand zwischen Himmel und Erde ein Ding, welches in der Form einem Schilfschössling glich. Hierauf verwandelte es sich in eine Gottheit mit Namen Kuni no Toko-tachi no Mikoto. Sodann kam Kuni no Sa-dzuchi no Mikoto, sodann Toyo-kumu-nu no Mikoto zum Vorschein – im ganzen drei Gottheiten.

Das Prinzip des Himmels für sich allein brachte sie hervor, und daher entstanden diese absolut reinen Männer.[11]

Aus zerbrochenen Eiern wurde die Welt erschaffen (Finnland)

Der finnische Arzt, Dichter und Gelehrte Elias Lönnrot (1802–1884) sammelte zwischen 1835 und 1849 die mythischen Überlieferungen und Heldensagen seines Volkes und fügte sie zu einem großen Gesang zusammen. Diesem gab er den alten mythischen Namen seines Landes: Kalevala. Die folgende Erzählung ist dieser Sammlung entnommen und schildert die Entstehung der Welt aus einem Ei. Die im Meer wohnende Göttin Ilmatar ist die Urmutter und Schöpferin der Welt. In den Erzählungen spielt der Sänger Wäinämöinen eine wichtige Rolle. Er ist in der Lage, alle Geschöpfe Ukkos durch seinen Gesang in seinen Bann zu ziehen. Ukko, „alter Mann", auch „Väterchen" genannt, war ein im ganzen baltischen Raum und Finnland verehrter Himmelsgott, der für die atmosphärischen Erscheinungen wie Blitz, Donner, Wind und Regen verantwortlich war. Wenn Ukko mit seinem Gefährt einen steinigen Weg am Himmel entlang fährt, sprühen die Funken von den Hufen der Pferde. Herrscht ein Gewitter, erzählt man sich, dass Ukko Steine wälze oder Korn mahle. Wäinämöinen kämpft zusammen mit seinem Freund, dem Schmied Ilmarinen, gegen die Mächte des Bösen, die durch Louhi, die boshafte Herrin des Nordens, verkörpert werden.

Ein wunderbares Lied werde ich euch singen – von Wäinämöinen, dem weisen Zaubersänger, der von der Tochter der Lüfte geboren wurde.

Ilmatar war die Jungfrau der Lüfte, eine wunderschöne Schöpfungstochter. Doch sie litt unter ihrer Einsamkeit, sie wollte nicht länger allein sein, dort in der Leere der Luft, in der endlosen Weite des Himmels. Ilmatar ließ sich aus der Luft herab auf das Wasser, sie genoss die ruhigen Wellen, das leichte Wiegen der Flut.

Doch plötzlich zog ein Sturm auf, aus dem Osten kamen Wolken, der Wind peitschte die Wellen zu wilder Gischt auf. Der Sturm wiegte die Jungfrau der Lüfte, die Wellen umspielten ihren Körper. Und sie wurde schwanger vom Wind und von den Wogen.

Doch das Kind wollte nicht kommen. 700 Jahre lang wurde Ilmatar von Schmerzen geplagt. Sie schwamm nach Osten, Westen, Norden und Süden, irrte voll Angst durch das Meer und litt unter den Wehen. Da begann sie zu weinen und rief: „Wäre ich doch in den Lüften geblieben. Was soll ich tun? Ich irre auf dem endlosen Meer umher und kann nicht Wassermutter werden." Sie wandte sich an Ukko, den großen und mächtigen Gott, den Träger des Himmels. *„Ukko, hilf mir", rief Ilmatar. „Komm, und erlöse mich von meinen Qualen. Beende die Wehen der Jungfrau. Komm schnell, denn ich brauche deine Hilfe."*

Und nach kurzer Zeit kam eine Ente geflogen, die einen Platz für ihr Nest suchte. Sie flog nach Osten, Westen, Norden und Süden und ließ sich schließlich auf dem Knie der schwangeren Ilmatar nieder. Dort baute sie ihr Nest und legte sechs goldene sowie ein eisernes Ei.

Die Ente setzte sich auf ihr Nest und begann zu brüten. Schon bald wurde es Ilmatar warm und wärmer, und am dritten Tag meinte sie, ihr Knie müsse schmelzen und ihre Adern zerspringen. Sie wiegte sich im Wasser und schüttelte sich, so dass das Nest von ihrem Knie fiel und die Eier zerbrachen. Die Stücke fielen ins Wasser und wurden verwandelt. So entstand die Erde, aus dem Eigelb die Sonne, aus dem Eiweiß der Mond. Auch die Sterne und die Wolken wurden auf diese Weise geschaffen.

Ilmatar schwamm weiter durch das Wasser, und dort, wo sie ihre Hand ausstreckte, entstanden Täler und Berge, Klippen und Riffe, die den Schiffern später zum Verhängnis wurden. Sie schuf die Inseln und das Land, die Felder und die Wälder. Nur ihr Sohn Wäinämöinen war immer noch nicht geboren. Er wanderte im Leib seiner Mutter und sprach: „Sonne und Mond, euch bitte ich, mich aus diesem dunklen Raum zu holen. Damit ich die Erde sehen kann, damit ich die Sonne erblicke und die Sterne betrachte." Doch der Mond dachte nicht daran, ihn zu befreien, und auch die Sonne ließ ihn im Stich. Daraufhin kroch Wäinämöinen selbst ans Licht und fiel kopfüber ins Wasser.

47
Das Ordnen des Urchaos

Jahrelang irrte er durch das Meer, bis er endlich ans Ufer fand. Dort kroch er auf den Knien an Land, betrachtete die Sonne, den Mond und die Sterne und wurde ein mächtiger Zaubersänger.[12]

Ilmatar, die finnische „Jungfrau der Lüfte", schwanger geworden von Wind und Wogen, liegt in gebärender Haltung auf den Wellen. Gemälde von Robert Wilhelm Ekman (1808–1873), entstanden 1860. Finnish National Gallery, Helsinki.

DAS ERDTAUCHER-MOTIV

Das kosmogonische Motiv vom Erdtaucher setzt das universell verbreitete Thema vom Chaos- oder Urwasser voraus. Das offenbar sehr alte Erdtaucher-Motiv ist über große Teile der Welt verbreitet: in Nord- und Südeuropa ebenso wie in Nordamerika, im Iran und im alten Indien. In den Puranas, „altes Erzählwerk", wird von zehn „Herabstiegen" (Avataras) des Gottes Vishnu berichtet. Sein dritter Herabstieg erfolgte in Gestalt eines Ebers. Brahma und Vishnu wollten aus den Urwassern die Erde hervorholen. Dabei sollte ihnen der Eber Varaha helfen, der lange tauchen konnte. Varaha fand unter dem Wasser die Erde und brachte sie stückweise nach oben. „Wenn das Thema des kosmogonischen Tauchens vom Bild der Urwasser abhängt, muss es sehr alt sein. Wahrscheinlich ist es von einem einzigen Zentrum aus verbreitet worden. Das Eindringen des Mythos in Amerika vor dem 3. Jahrtausend weist darauf hin, dass er bereits bei den prähistorischen Völkern Zentral- und Nordasiens bekannt war."[13] In den frühen Stufen des Erdtaucher-Mythos wird wohl die Gottheit selbst in Gestalt eines Tieres in das Urwasser herabgetaucht sein. In späteren Fassungen lässt die Gottheit andere für sich tauchen: Tiere, Diener, Helfer. In diesen Fassungen des Mythos „wird es möglich, in dem Mythos, gerade aufgrund dieser Episode, ein Element des Ungehorsams, der Feindschaft oder der Opposition einzuführen."[14]

Der Hindugott Vishnu greift von Zeit zu Zeit in das Weltgeschehen ein, indem er zum Avatar wird und „herabsteigt". Hauptmerkmal des Vishnuismus ist die Lehre von den zehn Avataras („Herabstiege"), deren wichtigster Krishna ist. „Vishnu und die zehn Avataras", zeitgenössische Kupferskulptur.

Tauch in das grosse Wasser hinunter und hole Sand („Zigeuner", Südosteuropa)

Die folgende Variante des Erdtaucher-Motivs stammt aus Südosteuropa und wurde von „Zigeunern" aus Transsilvanien erzählt, dem „Land jenseits der Wälder", auch Siebenbürgen genannt. „Erdely" nennen es die Ungarn: „Waldland". „Zigeuner" ist eine Sammelbezeichnung für verschiedene Ethnien, die Romani sprechen, eine Sprache, die mit dem altindischen Sanskrit verwandt ist. Die Heimat der „Zigeuner" war der Nordwesten Indiens, die Uferregion des Indus und die an Afghanistan angrenzenden Gebiete. Ein einheitliches „Zigeunervolk" gibt es nicht, sondern die beiden Ethnien der ursprünglich im mitteleuropäischen Raum beheimateten Sinti und der osteuropäischen Roma.

Der österreichische Volkskundler und „Zigeuner"-Spezialist Heinrich von Wlislocki hat Geschichten der Roma gesammelt, nacherzählt und 1886 veröffentlicht.

Der „Zigeuner" sieht sein Leben als beeinflusst durch übernatürliche Mächte. Dem höchsten Wesen Baro dewel, „Großer Gott", steht Bengh, der „Teufel", gegenüber, das Prinzip des Unreinen und Schlechten. Für einige „Zigeuner"-Gruppen ist der Teufel der göttlichen Allmacht unterworfen; andere Ethnien dagegen halten den Teufel für Gott ebenbürtig.

Die folgende Erzählung repräsentiert eine spätere, „dualistische" Version des Erdtaucher-Motivs, da sie die Gestalt des Teufels einführt, dem die kosmogonische Arbeit aufgetragen wird.

Als die Welt noch nicht war, war nur ein großes Wasser; da dachte unser Gott, dass er eine Welt erschaffe. Er wusste nicht, wie und was für eine Welt er machen solle. Und er war erzürnt, weil er keinen Bruder und keinen Freund hatte. Er warf zornig seinen Stock in das große Wasser. Da sah er, dass sein Stock ein großer Baum geworden war und unter dem Baum saß der Teufel, der lächelnd sprach: „Guten Tag, mein guter Bruder! Du hast keinen Bruder und keinen Freund; ich will dir ein Bruder und Freund sein!" Gott freute sich und sagte: „Nicht sei mein Bruder, sondern nur mein Freund! Ich darf keinen Bruder haben!" Neun Tage lang waren sie zusammen und fuhren auf dem großen Wasser herum und Gott sah, dass der Teufel ihn nicht liebte. Einmal sagte der Teufel: „Mein guter Bruder! Wir zwei leben schlecht, wenn nicht noch andere sind, ich möchte noch andere erschaffen!" – „Erschaffe denn auch andere!", sagte Gott – „Aber ich kann nicht!", erwiderte der Teufel, „ich wollte schon eine große Welt erschaffen, aber ich kann nicht, lieber Bruder!" – „Gut!", sprach Gott, „ich will eine Welt erschaffen! Tauch in das große Wasser hinunter und hole Sand; aus dem Sand will ich eine Erde machen." Da sprach der Teufel: „Wie willst du aus dem Sande eine Erde machen? Ich verstehe es nicht!" Und Gott erwiderte: „Ich spreche meinen Namen aus und Erde wird aus dem Sande! Geh und bringe Sand!"

Der Teufel tauchte unter und dachte, dass er sich eine Welt erschaffen werde und als er Sand hatte, da nannte er seinen Namen. Aber der Sand brannte ihn und er warf ihn weg. Als er ohne Sand zu Gott kam, sagte er: „Ich finde keinen Sand!" Gott sprach: „Geh nur und hole Sand!" Neun Tage lang holte der Teufel Sand und sagte dabei immer seinen Namen, aber der Sand brannte ihn und er warf ihn weg. So heiß wurde der Sand, dass er den Teufel immer verbrannte und er am neunten Tag ganz schwarz war. Er kam zu Gott und dieser sagte: „Du bist schwarz geworden! Du bist ein sehr schlechter Freund! Geh und hole Sand, aber sprich nicht deinen Namen aus, denn sonst wirst du ganz verbrennen." Der Teufel ging abermals und brachte endlich Sand. Da machte Gott daraus eine Erde und der Teufel freute sich sehr und sprach: „Hier unter dem großen Baume wohne ich; und du, mein lieber Bruder, suche dir eine andere Wohnung!" Da zürnte Gott und sprach: „Du bist ein sehr schlechter Freund! Dich brauche ich nicht! Gehe weg!"

Da kam ein großer Stier heran und trug den Teufel mit sich fort. Und vom großen Baume fiel Fleisch auf die Erde und aus den großen Blättern des großen Baumes sprangen Menschen hervor. So erschuf Gott unsere Welt und die Menschen.[15]

Die zehn Avataras

Der herabgestiegene Vishnu konnte in verschiedenen Tier- und Menschgestalten auftreten. Diese gelten als Manifestation des wohlwollenden Wirkens Vishnus auf Erden. Vishnus „Herabstiege" (Avataras) ereignen sich immer dann, wenn der Dharma, die „Ordnung" des Kosmos, aus den Fugen geraten und vom Bösen bedroht ist.

Nach klassischer Lehre gibt es zehn Avataras, obwohl sie häufig nicht genau voneinander unterschieden werden können. Ein Abschnitt des Harivamsha (ein Zusatz zum Mahabharata) nennt zum Beispiel den aus Vishnus Nabel wachsenden Lotus anstelle der Schildkröte und des Fisches. Anstelle Buddhas wird auch Dattatreya, der dem Helden Arjuna Karttavirya aus der Bhagavadgita seine hundert Arme verschafft, genannt.

Die am häufigsten genannten zehn Avataras sind die hier beschriebenen, wie sie auch in einer Miniatur aus dem 18. Jahrhundert (gegenüber) porträtiert werden. Die abgebildeten Avataras (jeweils von links nach rechts), die um Vishnu und Shri herum angeordnet sind, entsprechen in ihrer Reihenfolge dem angegebenen Verzeichnis. Jedoch sind hier als sechster Avatara Rama und Sita (zusammen mit Hanuman), als siebter Krishna, der gemeinsam mit seiner Geliebten Radha Flöte spielt, und als achter Avatara Parashurama dargestellt.

1. Matsya
Der Fisch erschien zur Zeit der großen Flut, um die Menschheit zu warnen.

2. Kurma
Die Schildkröte rettete Schätze aus der Flut.

3. Varaha
Der Eber holte die von einem Dämon in die Tiefe gestürzte Erde wieder herauf.

4. Nara-Simha
Der Mann-Löwe besiegte böse Dämonen.

5. Vamana
Der Zwerg besiegte den Dämonen Bali, der die drei Welten beherrscht.

6. Prusha-Rama
Rama mit dem Beil vernichtete Mitglieder der Kshatriya-Kriegerkaste, welche die Welt beherrschen wollten.

7. Rama-Chandra
Der Held des Ramayana-Epos war ein edler Held, der das Böse in der Welt bekämpfte. Vorbild der Tugendhaftigkeit.

8. Krishna
Er ist ein Avatara Vishnus und zugleich ein eigener Gott. Er ist der beliebteste aller Götter, der Held vieler Mythen, die ihn als Liebhaber, Krieger und König darstellen.

9. Buddha
Der Erleuchtete. Der neunte Avatara ist Siddharta Gautama, der Gründer des Buddhismus.

10. Kalki
Dieser zehnte Avatara wird erst noch erscheinen.

Die 10 Inkarnationen von Vishnu. Wasserfarbe, unbekannter Künstler aus Indien (Jaipur). Victoria & Albert Museum, London.

Zerstückeln und Zerteilen eines besiegten Urwesens

Aus dem Kampf gegen Tiamat entsteht die Welt (Babylonien)

1845 entdeckte der englische Archäologe A. H. Layard die Bibliothek des assyrischen Königs Assurbanipal in den Ruinen der Stadt Ninive. Unter den 26 000 Tontafeln fand sich auch der in akkadischer Keilschrift geschriebene babylonische beziehungsweise mesopotamische Schöpfungsmythos Enuma Elish aus dem 12. Jahrhundert v. u. Z. Dieser existierte nicht als einheitlicher Text, sondern musste von den Forschern erst aus vielen, unterschiedlich alten (9.–2. Jahrhundert v. u. Z.) Fragmenten von Keilschrifttafeln aus Assur, Kisch, Ninive und Sippar zusammengesetzt werden. Aufgrund sprachlicher und formaler Eigenschaften kann angenommen werden, dass die ursprüngliche Fassung des Enuma Elish bis in das 19.–17. Jahrhundert v. u. Z. zurückreicht.

Benannt ist der Mythos nach seinen Anfangsworten: „Als droben…". George Adam Smith vom British Museum publizierte erstmalig diese Quellen 1876 in seinem Buch „The Chaldean Genesis".

Auf seinen insgesamt sieben Tontafeln erzählt das Enuma Elish davon, wie aus einer präexistenten, undifferenziert-chaotischen Wirklichkeit unsere Welt entstanden ist. Berichtet wird von einer „ersten Schöpfung", die aus einer Vereinigung des weiblichen Chaosdrachens Tiamat und dem männlichen Apsu entstand. Tafel I schildert anschließend die Geburt der nächsten Göttergenerationen. Auf die zweite Generation Lachmu und Lachamu, von der wir nicht viel erfahren, folgt nach langer Zeit ein drittes Götterpaar, Anschar, „Gesamtheit des Himmels", und Kischar, „Gesamtheit der Erde", sodann der Himmelsgott Anu. Der Prozess der Weltentstehung wird durch das schamlose Treiben der göttlichen Kinder gestört, worauf Apsu beschließt, seine Nachkommen zu beseitigen. Der Gott Ea schleudert seine Zauberwaffe auf den Süßwassergott Apsu und vernichtet ihn. Für den weiteren Kampf ist Gott Marduk entscheidend, der aus der Verbindung Lachamus mit Ea hervorgeht.

Im Mittelpunkt des Enuma Elish steht Marduk, Gott des Frühlings, Stadtgott von Babylon und seit König Hammurapi Reichsgott. Marduk wird als Retter der Götter gepriesen, die ihm dafür als Gegenleistung die höchste Position im Pantheon anbieten müssen. Landesweit werden Marduk viele Tempel gewidmet. Im Enuma Elish ist alles auf Marduks Kampf gegen das salzige Urmeer gerichtet, verkörpert durch Tiamat, dem Prototypen des Gewalttätigen, Bösen, Lebensfeindlichen. Tiamat wird nicht nur im Meer lokalisiert oder mit dem Meer identifiziert, denn nach babylonischer Auffassung sind die Chaosmächte überall in der Welt angesiedelt, unter der Erde, über dem Himmel. Unser Himmel und unsere Erde entstehen durch den siegreichen Kampf von Marduk mit dem Salzwasserungeheuer Tiamat.

Bedrohung und Kampf prägten die Lebenserfahrung der alten Zweistromlandbewohner. „Bedroht ist der kulturelle Kosmos zunächst durch Mächte der Natur; die landwirtschaftlichen Anlagen müssen stets in Ordnung gehalten werden, Überschwemmungen und Ähnliches gefährden sie immer wieder, aber auch Undiszipliniertheit der landwirtschaftlichen Mitarbeiter. Vor allem aber drohen politische Feinde, die abgewehrt werden müssen. Feinde können also überall auftreten: in Gestalt verderblicher Gewalten der Natur, als subversive und zersetzende Tendenzen im Inneren und als politisch-militärische Bedrohung von außen. Das alles sind Manifestationen des Chaos. Die antiken Hochkulturen sind verletzliche Gebilde; sie können nur in ständigem Kampf erhalten werden, und dieser ständige Kampf verdichtet sich im mythologischen Chaoskampf-Thema."[16]

Der Leib des besiegten Chaosdrachens wird wie der eines Fisches in zwei Teile geteilt. Die eine Hälfte wird zum Himmel, die andere zur Erde. Marduk erbaut im Himmel einen Palast, der dem Apsus gleicht. Tafel V erzählt, wie Marduk den Gang der Sterne bestimmt, die

ZERSTÜCKELN UND ZERTEILEN EINES BESIEGTEN URWESENS

Folgende Doppelseite: Nach der Johannes-Apokalypse des Neuen Testaments erscheint im Zusammenhang mit dem Weltende der siebenköpfige Drache: „Ich will dir sagen das Geheimnis des Weibes und des Tieres, das sie trägt und hat sieben Häupter und 10 Hörner. Das Tier, das du gesehen hast, ist gewesen und ist nicht und wird wieder emporsteigen aus dem Abgrund und wird fahren in die Verdammnis" (Offenbarung 17,7f.).

Die Darstellung des Codex von Gerona (Spanien) verbindet die Urzeit (den Drachentöter Gott Marduk, oben links) mit dem Geschehen der Endzeit.

als Abbilder der Götter gelten. Auf Tafel VI wird die Schöpfung des Menschen aus dem Blut des Gottes Kingu geschildert.

Das Enuma Elish verherrlicht den unaufhaltsamen Aufstieg des unbesiegbaren Gottes Marduk. Der Mythos wurde in den Ritualen am vierten Tag des elftägigen babylonischen Neujahrsfestes im Monat Nisan (März/April) von dem Oberpriester rezitiert. Die Liturgie enthält Reinigungsrituale, durch die chaotische Elemente beseitigt werden. Auch gibt es ein Demütigungsritual für den König: „Man schlägt ihn, er wird also durchaus nicht als König, sondern eher schon als Übeltäter behandelt; das Chaos wird gewissermaßen dargestellt.

Dann aber bekennt sich der König zu seinen Regierungsprinzipien, er erklärt seine tadellose Regierungsführung."[17]

Himmel und Erde waren noch nicht; allein der uranfängliche Ozean, das süße Wasser Apsu und das salzige Wasser Tiamat waren miteinander vermischt und enthielten Mummu, die Urform des Seins. Daraus entstanden Lachmu und Lachamu. Sie bekamen ihre Namen und gehören zu den ersten Göttern. Nach ihnen entstanden der Himmelsraum Anschar und der Erdraum Kischar. Aus Anschar ging sein Sohn Anu hervor, der große Gott des Himmels. Anu erzeugte Ea, der an Weisheit und Klugheit alle Götter überragte und stärker war als sein Ahnherr Anschar. Zuletzt entstand Enlil, der Herr der bewohnbaren Welt.

Die Götter versuchten, Apsu zu überwältigen. Da beriet Apsu sich mit Mummu, und sie gingen beide zu Tiamat, um sie zu bitten, ihnen gegen ihre göttlichen Kinder beizustehen. Da beschloss Tiamat, zusammen mit Apsu und Mummu die göttlichen Kinder zu vernichten. Aber der Gott Ea, der alles weiß, sprach einige Zauberformeln, und Tiamat und Apsu wurden mit Schwäche geschlagen. Dann erzeugte Ea mit seiner Braut Lachamu den großen Gotthelden Marduk, der vier Augen und vier Ohren hat, damit er alles sehe und höre. Wie leuchtendes, strahlendes Feuer ist Marduks Rede, und seine Gestalt überragt alle anderen Götter. Er ist ein Sonnenkind, der Frühlingssohn, der die Finsternis überwältigt.

Der Gott Kingu, Tiamats Gemahl, rief Tiamat zur Rache auf. Da sammelte Tiamat ihre Heerscharen; elf widerliche Ungeheuer rief sie zum Kampfe auf und gab ihrem Gatten den Oberbefehl. Ea führte die Götter gegen sie an, aber er war seinen Feinden nicht gewachsen. Ein heftiger Kampf tobte. Ea und die Götter wurden besiegt und mussten weichen, und als Anschar Ea aufforderte weiterzukämpfen, weigerte sich Ea, den Kampf von neuem aufzunehmen.

Da befahl Anschar seinem Sohn Anu, die Götter gegen Tiamats grausiges Heer anzuführen, aber als Anu die wüste Horde der Feinde erblickte, befiel ihn heftige Angst, und er bat, ihn seines Auftrags zu entheben. Die führerlosen Götter begaben sich nun wiederum zu Ea und legten ihm nahe, seinen Sohn Marduk zu überreden, den Kampf zu wagen und zu befehligen. Marduk war zum Kampfe bereit, trat vor Anschar und sprach: „Noch ehe du zu Ende gesprochen hast, werde ich deinen Befehl ausgeführt haben. Wie sollten wir uns vor Tiamat, einem Weibe, fürchten?"

„Wohlan!" sprach Anschar, „Bringe Tiamat zur Ruhe, dass sie Frieden hält!" Marduk verlangte aber für seinen Sieg einen hohen Preis: Er wollte im Saal der Schicksalsbeschlüsse, in dem die Götter jährlich über die Geschicke der Welt entscheiden, vor allem die Würde des obersten Gottes haben, damit sein Wort und sein Gebot im Himmel und auf Erden, für Götter und Menschen Geltung besitze. Anschar konnte Marduk diese Bedingung nicht zugestehen; so rief er alle Götter im Saal der Schicksalsbeschlüsse zusammen, ließ ein großes Mahl für sie bereiten und wollte sie veranlassen, bei Speise und Trank Marduks Bedingung zu erwägen und in Anbetracht der großen Gefahr anzunehmen. Alle Götter traten in großer Angst und mit furchtbarem Schrecken in den Saal der Schicksalsbeschlüsse, küssten einander zur Begrüßung, setzten sich an die Tafel und begannen zu essen und zu trinken. Obwohl sie bald trunken waren, zauderten sie doch immer noch, Marduks Bedingung anzunehmen, denn sie hielten ihn nicht für fähig zu regieren.

Schließlich forderten die Götter Marduk auf, einen Beweis dafür zu liefern, dass er genügend Macht und Kraft zur Herrschaft über die Götter besitze. Sie legten ein Kleid vor ihn und forderten ihn auf: „O Marduk, der du als Weltbeherrscher über göttliche Kraft gebietest! Dein Wort genügt, zu erschaffen und zu vernichten. Befiehlst du es, so vergeht das Kleid; befiehlst du dann wiederum, so ersteht es neu!" Da sprach Marduk sein machtvolles Wort, und das Kleid verging im gleichen Augenblick. Wiederum sprach Marduk sein machtvolles Wort, und das Kleid erstand neu. Als die Götter dies sahen, riefen sie: „So sei Marduk unser Herr!"

(...) Marduk erhielt von den Göttern das Zepter, den Thronsessel und das Beil zum Zeichen seiner Macht und dass er die darin liegende Kraft gebrauche. Durch sein Wort schuf Marduk sich Bogen und Speere, Keulen und Köcher, den Blitz, ein Netz, um Tiamat darin zu fangen, die Winde und Orkane, die Wasserflut und den Streitwagen. Dann erhob er sich in furchterregender Gestalt und hatte ein Kraut in der Hand, das Tiamats Gift unschädlich machen konnte. „Auf in den Kampf!" rief Marduk, „dass Tiamat der Lebensatem abgeschnitten werde!"

Als Tiamats Horden Marduks Waffen erblickten, befiel sie furchtbare Angst. Tiamat aber rief eine Zauberformel und schmähte Marduk mit höhnender Rede; der aber erfasste den Zyklon, seine Waffe, und rief ihr entgegen: „Die du Kingu zu deinem Gemahl erkoren und mit ihm beschlossen hast, Unheil zu stiften und die Götter zu vernichten – komm her, damit wir miteinander kämpfen und uns messen!" Tiamat stieß mit weitaufgerissenem Rachen ihre Zauberformeln aus, doch Marduk ließ ihr den Sturmwind in den Rachen fahren, dass sie das Maul nimmer zu schließen vermochte, blähte ihr den Leib mit schweren Stürmen und schoss ihr einen Pfeil in den Schlund, der ihr Inneres zerfetzte und ihr Herz mitten durchbohrte. Dann fesselte Marduk Tiamat, warf sie nieder und stieg als Sieger auf ihren Körper.

Tiamats Ungeheuer erschraken gewaltig und ergriffen sofort die Flucht, doch Marduk holte sie alle ein, zerbrach ihre Waffen und fing sie in seinem Netz. Danach spaltete er Tiamats Leib in zwei Hälften und erschuf daraus den Himmel und die Erde. Er bestellte Wächter und befahl ihnen, die Wasser nicht vom Himmel abfließen zu lassen. Als Gegenstück des Himmels erschuf er den Ozean, die Wohnstätte des weisen Gottes Ea. So schuf Marduk Himmel, Erde und Meer, über die er drei Götter setzte: Anu erhielt den Himmel, Enlil (Bel) erhielt die Erde, Ea erhielt das Meer.

Weiter erschuf und ordnete Marduk die Sternbilder und bestimmte den Weg der Himmelskörper. Zu beiden Seiten des Himmels öffnete er die Tore, durch welche die Sonne auf- und untergeht; dann bestimmte er die Gestalten und Zeiten des Mondes. Als die Götter sich bei ihm beklagten, es gebe keine Wesen, die ihnen huldigten und ihnen Opfer darbrächten, beschloss Marduk, ihren Wunsch zu erfüllen. So wurde der Mensch erschaffen, dessen Aufgabe darin besteht, die Götter zu ehren und ihnen zu huldigen.

Marduk beriet sich mit Ea, dem Weisen unter den Göttern, und sprach zu ihm: „Blut will ich nehmen, Gebein dazufügen und Lullu erschaffen, den Menschen. Ihm soll der Dienst an den Göttern auferlegt werden. Die Götter teile ich in zwei Gruppen: in die himmlischen und die irdischen, und sie sollen alle gleichermaßen von den Menschen geehrt werden, damit sie zufrieden sind." Ea gab Marduk den Rat, zur Erschaffung des Menschen einen der Götter zu nehmen, am besten Kingu, der Tiamat zum Aufruhr angestiftet hatte. Kingus Blut sollte zur Erschaffung des Menschen verwendet werden.

Marduk befragte die großen Götter, und sie billigten Eas Plan. Kingu wurde herbeigeholt und getötet, und Marduk erschuf aus seinem Blute den Menschen, den er zum Dienst für die Götter verpflichtete. So entstanden die Menschen durch Marduks Umsicht und Eas Klugheit. Die Götter der unteren Welt waren von Dankbarkeit gegen Marduk erfüllt und gelobten, ihm einen Tempel zu bauen. Marduk nahm ihr Angebot freudig an und bestimmte Babel zum Ort des Tempelbaues. Nach einem Jahr war der Tempel vollendet, dessen Spitze bis zum Himmel ragte, und er wurde Anu, Enlil (Bel) und Ea zur

Wohnung angewiesen. Da sprach Marduk zu den Göttern: „Dies ist Babel, das Tor Gottes, der Ort unserer Wohnung!"

Marduk lud alle Götter, 50 an der Zahl, zu einem Festmahl in seinen Tempel. Nachdem sie alle gegessen und getrunken hatten und die Tafel abgeräumt war, setzte Marduk mit ihnen die Gebote für die Aufrechterhaltung und Gewähr der Ordnung der Welt fest. Zuletzt hielt Anu eine große Lobrede auf Marduk und besang sein herrliches Werk, die Erschaffung und die Erhaltung der Welt:
Er, Marduk, besiegte Tiamat,
er, Marduk, unterdrücke sie,
bis in zukünftige Geschlechter,
bis in die spätesten Zeiten![18]

Die weibliche Tiamat, Verkörperung des Salzmeeres, ist der urzeitliche Chaosdrache der babylonischen Religionsgeschichte. Der Gott Marduk besiegte Tiamat und schuf aus ihrem Leichnam die Welt. Im biblischen Schöpfungsmythos erscheint Tiamat als Tehom (von Martin Luther mit „die Tiefe" übersetzt).
Wie viele mythologische Tiere stellt Tiamat eine Komposition verschiedener Tiere dar. Gesicht, Körper und Gliedmaßen ähneln denen eines Löwen oder einer anderen Raubkatze, Flügel, Krallen und Schwanz sind wie die eines Vogels gestaltet, Zunge und Schuppen erinnern an eine Schlange. Die Künstlerin Rachel Clark (geb. 1982) hat Tiamat auch mit Brüsten versehen, denn nachdem Marduk aus Tiamats erschlagenem Körper die Welt erschafft, gestaltet er aus den Brüsten die Berge. Die Niederlage Tiamats durch Marduk spiegelt eine Änderung im religiösen Denken wider: Der patriarchalische Gott Marduk wird verehrt, und die Leben spendende Göttin Tiamat wird zerstört, um die Welt und Zivilisation zu erschaffen.
Bleistiftzeichnung, 2005.

Urzeit war es, da Ymir hauste (Germanien)

Unterschiedliche Überlieferungen erzählen von den Schöpfungsvorstellungen der Nordgermanen, die uns besser als Wikinger bekannt sind. Die Schöpfungsmythen stellen keine Einheit dar. Zu den wichtigsten Überlieferungen zählt ein um 1230 u. Z. entstandenes isländisches Lehr- und Handbuch für Skalden, die so genannte jüngere Prosa oder Snorra Edda, so genannt nach ihrem Verfasser Snorri Sturluson. Diese umfassende Übersicht der nordgermanischen Kosmogonie hat verschiedene mythologische Überlieferungen aufgenommen: neben dem Grimnir- und Wafthrudnirlied auch die Völuspa, „Prophezeiung der Seherin". Snorri ist ein „Mythograph, der die Texte auswählt, ordnet und in einen thematischen Zusammenhang stellt. (...) Das übergeordnete Thema ist der Ablauf des Weltgeschehens: Kosmogonie und Anthropogonie, verschiedene Ereignisse in der Urzeit, die Schaffung von Ordnungen und deren Gefährdung sowie alle Ereignisse, die mit dem Schicksal der Welt, ihrem Untergang in dem großen Endzeitkampf Ragnarök (...) und dem Entstehen einer neuen Welt zusammenhängen."[19] Snorri bietet eine „geschlossene, einigermaßen zuverlässige pagane Mythologie der Intellektuellen, nicht eine populäre mit dem Kult verbundene Mythologie des einfachen Volkes."[20]

Vor der Erschaffung der Erde bestanden bereits das nördliche Eis-, Nebel- und Finsternisreich Niflheim und das südliche Land des Feuers Muspel oder Muspelheim. Mitten in Niflheim lag der Brunnen Hwergelmir, aus dem elf Flüsse entsprangen, die zusammen Eliwagar hießen. Ihr Giftstrom wurde zu Eis und Reif und füllte den nördlichen Teil des Ginnungagap an, den „von magischen Kräften erfüllten Urraum"[21], eine Schlucht zwischen den beiden präexistenten Welten. Dieser Urraum war keine Leere, sondern eine Urmaterie oder Urpotenz, barg alles Künftige als Möglichkeit bereits in sich. Die dritte Strophe der Völuspa beschreibt den ursprünglichen Zustand folgendermaßen:

„Urzeit war es, da Ymir hauste:
nicht war Sand noch See noch Salzwogen,
nicht Erde unten noch oben Himmel,
Gähnung grundlos, doch Gras nirgend."

Das christliche „Wessobrunner Gebet", ein Fragment aus dem 9. Jahrhundert, schildert den Urzustand ähnlich:

„... Dass Erde nicht war, noch oben Himmel.
Noch irgendein Baum, noch Berg nicht war,
Noch Sonne nicht schien ...
Noch Mond nicht leuchtete, noch das herrliche Meer ..."

Durch die Wärme und die von Muspelheim stammenden Funken begann das Eis zu tauen, und es entstand das erste lebendige Wesen überhaupt: der menschengestaltige Riese Ymir. Während seines Schlafes schwitzte Ymir, und es kamen unter seinem linken Arm Mann und Frau hervor. Beide Füße zeugten einen Sohn miteinander, von dem die Reifriesen abstammen. Das Motiv von den Lebewesen, die aus dem Schweiß einer Gottheit entstehen, findet sich auch in persischen, russischen, slowenischen und litauischen Erzählungen. Das nächste Geschöpf ist die Nahrung spendende Kuh Audhumla, aus deren Eutern Milchströme fließen, mit denen sie Ymir ernährt und seine Kräfte steigert. Aus den salzigen bereiften Steinen leckte sie nach drei Tagen ein weiteres menschliches Wesen mit Namen Buri heraus, das sich wie Ymir fortpflanzen konnte. Buri bekam einen Sohn Borr, der eine Riesentochter und Nachfahrin Ymirs heiratete. Aus dieser Ehe gingen die drei Götter Odin, Vili und Ve hervor. So waren die beiden Geschlechter entstanden – Riesen und Götter –, deren Aufeinandertreffen den weiteren Fortgang der Welt entscheidend beeinflussen sollte. Odin ist die herausragende Göttergestalt der Snorra Edda und wird auch „Allvater" genannt. Der Zusammenhang zwischen Kuh und Schöpfung ist auch in Texten aus dem alten Indien bezeugt. So wird bereits in den frühesten indischen Texten,

59
Zerstückeln und Zerteilen eines besiegten Urwesens

Ymir trinkt die Milch der Urkuh Audhumla, die durch stetes Lecken die Wesen Buri und Bör aus dem Eis befreit. Gemälde von N. A. Abilgaard (1743–1809). Nationalmuseum, Kopenhagen.

den Veden, die Kuh als sündlose Göttin, Schöpfungsmittlerin und Symbol der Unsterblichkeit gepriesen.

Die drei Götter erschlugen Ymir, schleppten ihn in das Ginnungagap und erschufen aus seinen Körperteilen Meer, Festland, Berge, Strandgeröll, Himmelsgewölbe, Wolken und so weiter. Aus Ymirs Wunden floss jedoch so viel Blut, dass darin alle Reifriesen bis auf Bergelmir und seine Frau ertranken. Aus den von Muspelheim stammenden Funken schufen die drei Götter die Gestirne. Fortan sollten die Riesen am äußeren Rand der kreisrunden Erde leben, während sich im inneren Teil Midgard, die Wohnstätte der Menschen, befand.

Gangleri fragte: Wie ward die Welt, wie entstand sie, und was war zuvor?

Har antwortete: So heißt es in der Wöluspa:
Einst war das Alter, da alles nicht war.
Nicht Sand noch See noch salzige Wellen,
Nicht Erde fand sich noch Überhimmel,
Gähnender Abgrund und Gras nirgend.

Da sprach Jafnhar: Manches Zeitalter vor der Erde Schöpfung war Niflheim entstanden; in dessen Mitte liegt der Brunnen, Hwergelmir genannt. Daraus entspringen die Flüsse mit Namen Swöl, Gunnthra, Fiorm, Fimbul, Thul, Slid und Hrid, Sylg und Ylg, Wid, Leiptr, Giöll ist der nächste beim Höllentor. Da sprach Thridi: Vorher aber war im Süden eine Welt, Muspel geheißen: Die ist hell und heiß, so dass sie flammt und brennt und allen unzugänglich ist, die da nicht heimisch sind und keine Wohnung da haben. Surtr ist er geheißen, der an der Grenze des Landes sitzt und es beschützt: Er hat ein flammendes Schwert, und am Ende der Welt wird er kommen und herrschen und alle Götter besiegen und die ganze Welt in Flammen verbrennen. So heißt es in der Wöluspa:
Surtr fährt von Süden mit flammendem Schwert,
Von seiner Klinge scheint die Sonne der Götter.
Steinberge stürzen, Riesinnen straucheln,
Zu Hel fahren Helden, der Himmel klafft.

Gangleri fragte: Was begab sich, bevor die Geschlechter wurden und Menschenvolk sich ausbreitete? Har antwortete: Als die Fluten, welche Eliwagar heißen, so weit von ihrem Ursprung kamen, dass der Giftstrom in ihnen erstarrte wie der Sinter, der aus dem Feuer fällt, ward er in Eis verwandelt. Und da dies Eis stille stand und stockte, da fiel der Dunst darüber, der von dem Gifte kam, und gefror zu Eis, und so legte eine Eislage sich über die andere bis in Ginnungagap. Da sprach Jafnhar: Die Seite von Ginnungagap, welche nach Norden gerichtet ist, füllte sich an mit einem schweren Haufen Eis und Schnee, und darin herrschte Sturm und Ungewitter, aber der südliche Teil von Ginnungagap war milde von den Feuerfunken, die aus Muspelheim herüberflogen. Da sprach Thridi: So wie die Kälte von Niflheim kam und alles Ungestüm, so war die Seite, die nach Muspelheim sah, warm und licht und Ginnungagap dort so lau wie windlose Luft, und als die Glut auch dem Reif begegnete, also dass er schmolz und sich in Tropfen auflöste, da erhielten die Tropfen Leben durch die Kraft dessen, der die Hitze sandte. Da entstand ein Menschengebild, das Ymir genannt ward.

Da fragte Gangleri: Wie wurden die Geschlechter von ihm ausgebreitet? Oder wie geschah's, dass mehr geschaffen wurden? Oder hältst du ihn für einen Gott? Da antwortete Har: Wir halten ihn mitnichten für einen Gott: Er war böse wie alle von seinem Geschlecht, die wir Hrimthursen nennen. Es wird erzählt, als er schlief, fing er an zu schwitzen: Da wuchs ihm unter seinem linken Arm Mann und Weib, und sein einer Fuß zeugte einen Sohn mit dem anderen. Und von diesen kommt das Geschlecht der Hrimthursen; den alten Hrimthurs aber nennen wir Ymir.

Da fragte Gangleri: Wo wohnte Ymir? Oder wovon lebte er? Har antwortete: Als das Eis auftaute und schmolz, entstand die Kuh, die Audhumla hieß, und vier Milchströme rannen aus ihrem Euter; davon ernährte sich Ymir. Da fragte Gangleri: Wovon nährte die Kuh sich? Har antwortete: Sie beleckte die Eisblöcke, die salzig waren, und den ersten Tag, da sie die Steine beleckte, kam aus den Steinen am Abend Menschenhaar hervor, den andern Tag eines Mannes Haupt, den dritten Tag

Zerstückeln und Zerteilen eines besiegten Urwesens

war es ein ganzer Mann, der hieß Buri. Er war schön von Angesicht, groß und stark, und gewann einen Sohn, der Bör hieß. Der vermählte sich mit Bestla, der Tochter des Riesen Bölthorn; da gewannen sie drei Söhne: Der eine hieß Odin, der andere Wili, der dritte We. Und das ist mein Glaube, dass dieser Odin und seine Brüder Himmel und Erde beherrschen.

Da fragte Gangleri: Wie vertrugen sich diese mit Ymir, und welcher war der Stärkere? Har antwortete: Börs Söhne töteten den Riesen Ymir, und als er fiel, da lief so viel Blut aus seinen Wunden, dass sie darin das ganze Geschlecht der Hrimthursen ertränkten bis auf einen, der mit den Seinen davonkam: Den nennen die Riesen Bergelmir. Er bestieg mit seinem Weib ein Boot (Wiege) und rettete sich so, und von ihm kommt das (neue) Hrimthursengeschlecht, wie hier gesagt ist:
Im Anfang der Zeiten vor der Erde Schöpfung
Ward Bergelmir geboren.
Des gedenk ich zuerst, dass der altkluge Riese
Im Boot geborgen ward.

Da fragte Gangleri: Was richteten die Söhne Börs aus, dass du sie für Götter hältst? Har antwortete: Davon ist nicht wenig zu sagen. Sie nahmen Ymir und warfen ihn mitten in Ginnungagap und bildeten aus ihm die Welt: aus seinem Blut Meer und Wasser; aus seinem Fleisch die Erde; aus seinen Knochen die Berge und die Steine aus seinen Zähnen, Kinnbacken und zerbrochenem Gebein. Da sprach Jafnhar: Aus dem Blut, das aus seinen Wunden geflossen war, machten sie das Weltmeer, festigten die Erde darin und legten es im Kreis um sie her, also dass es die meisten unmöglich dünken mag, hinüberzukommen. Da sprach Thridi: Sie nahmen auch seinen Hirnschädel und bildeten den Himmel daraus und erhoben ihn über die Erde mit vier Ecken oder Hörnern, und unter jedes Horn setzten sie einen Zwerg; die hießen Austri, Westri, Nordri, Sudri. Dann nahmen sie die Feuerfunken, die, von Muspelheim ausgeworfen, umherflogen, und setzten sie an den Himmel, oben sowohl als unten, um Himmel und Erde zu erhellen. Sie gaben auch allen Lichtern ihre Stelle, einigen am Himmel, andere lose unter dem Himmel, und setzten einem jeden seinen bestimmten Gang fest, wonach Tage und Jahre berechnet werden.

Da sagte Gangleri: Das sind merkwürdige Dinge, die ich da höre; ein großes Gebäude ist das und sehr künstlich gebildet. Wie war die Erde beschaffen? Har antwortete: Sie ist außen kreisrund und rings umher liegt das tiefe Weltmeer. Und längs den Seeküsten jenseits gaben sie den Riesengeschlechtern Wohnplätze, und nach innen rund um die Erde machten sie eine Burg wider die Anfälle der Riesen, und zu dieser Burg verwendeten sie die Augenbrauen Ymirs des Riesen und nannten die Burg Midgard. Sie nahmen auch sein Gehirn und warfen es in die Luft und machten die Wolken daraus, wie hier gesagt ist:
Aus Ymirs Fleisch ward die Erde geschaffen,
Aus dem Schweiße die See,
Aus dem Gebein die Berge, die Bäume aus dem Haar,
Aus der Hirnschale der Himmel.
Aus den Augenbrauen schufen gütge Asen
Midgard den Menschensöhnen;
Aber aus seinem Hirn sind alle hartgemuten
Wolken erschaffen worden.[22]

Zerstückeln und Zerteilen eines besiegten Urwesens

Indra schlug die Schlange (Indien)

Indra ist der bedeutendste Gott des alten vedischen Indien. Ungefähr 250 Verse des Rig Veda sind ihm gewidmet. Indra, der große, tapfere Kämpfer, zieht auf seinem goldenen Wagen in den Kampf. Beschrieben wird Indra als ein Riese mit unvorstellbarer Kraft, aber auch als großer Esser und Trinker. Er hat einen beinahe unlöschbaren Durst nach Soma, jenem „ausgepressten Saft" und Rausch erzeugendem Getränk. Ganze Soma-Seen vermag Indra auszutrinken. Dieser Gott überlistet und bezwingt seine Feinde. Sein größter Widersacher ist die Vritra-Schlange. Mit dem Kampf gegen sie und ihrer anschließenden Zerstörung verbindet sich eine Schöpfungsvorstellung. Vritra, der „Bedeckende, die Versperrung, die Hemmung, der Verschluss oder Widerstand"[23], wie sein Name gedeutet wird, ist eine Schlange ohne Hände und Füße. Sie lagert auf einem Berg und versperrt und umringt alle Gewässer, die irdischen wie auch die himmlischen, so dass sie nicht fließen und für Fruchtbarkeit sorgen können. Der durch Somatrinken berauschte und gestärkte Indra erschlägt die Schlange mit seiner Keule, dem „Blitz" (Vajra). Deshalb wird Indra Vritrahan, „Vritratöter", genannt. Schließlich liegt Vritra zerstückelt da, „wie ein geknicktes Rohr". Danach fließen wieder alle Ströme, und dieser Vorgang wird mit brüllenden Kühen verglichen. Der „keulentüchtige" dröhnende Indra ist für die alten vedischen Inder eine Macht, die nicht nur Unholde und Böses zerstört, sondern auch kosmische Aktivitäten entfaltet. Der Mythos von der Zerstückelung der Urschlange hat kosmogonischen Charakter, will also erklären, wie der Demiurg, der Weltenschöpfer Indra, die Welt aus einem Dämon erschuf.

Andere Texte, die nicht von der Zerstückelung der Urschlange handeln, bringen Indra ebenfalls in Zusammenhang mit schöpferischem Tun. So hat er die Erde ausgebreitet und Himmel und Luftraum befestigt. Indra belebt alles, gilt als Schöpfer des Lichtes und Sieger über die Dunkelheit. Durch seine Kräfte schuf er den Himmel und die Erde, und er machte, dass die Sonne leuchtet. Pferde und Rinder schuf er, auch tritt er in befruchtender Weise auf. Als Besitzer von Ojas, der „Daseinsmacht der Vitalität", preisen ihn Hymnen als Herrscher und König.

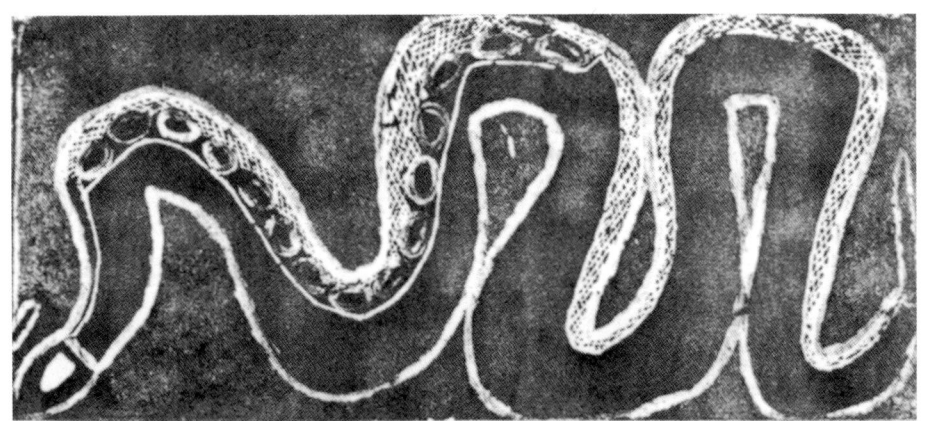

Gegenüber: Der vedische Gott Indra mit seinen vier Armen wird fast immer auf seinem weißen Elefanten Airavata („Der aus dem Meer Entstandene") abgebildet. Er entsprang aus der Quirlung des Milchozeans und bewacht die östliche Himmelsrichtung. In seinen Händen hält Indra unter anderem den Elefantenstachel und seine Waffen Blitz und Donner. Werk eines unbekannten Künstlers in der Gouachetechnik, 1820–1825, Indien (Tiruchchirappalli). Victoria & Albert Museum, London.

Links: Das australische Motiv präsentiert die Weltenschlange. Nach der Vorstellung der Aborigines entfaltete sich die gesamte Welt aus einer riesigen Weltenschlange. Eingeborenenmalerei, Australien.

Zerstückeln und Zerteilen eines besiegten Urwesens

64
ZERSTÜCKELN UND ZERTEILEN EINES BESIEGTEN URWESENS

Des Indra Mannestaten will ich nun verkünden,
die ersten, die der Keulenträger tat.
Er schlug die Schlange, bohrte frei die Wasser,
der Berge Bäuche brach er auf.

Er schlug die Schlange, die auf dem Berge lag,
Tvaschtar hat ihm die dröhnende Keule geschmiedet –
wie Kühe brüllend liefen eilig
die Wasser glatten Laufs zum Meer.

Stierhaft war er auf Soma Trunk begierig,
trank von dem Keltersaft in den Trikadrukas,
ergriff, der Gabenreiche, das Geschoss, die Keule,
erschlug damit der Schlangen Erstgebornen.

Als, Indra, du erschlugst der Schlangen Erstgebornen
und dann der Listigen Listen überlistetest,
dann Sonne, Himmel, Morgenröte schufst,
von da ab fandest du dir keinen Feind mehr.

Den schlimmsten Feind, Vritra, den schulterlosen,
hat erschlagen Indra mit der Keule, seiner großen Waffe;
wie Äste, abgehauen mit der Axt,
liegt hingestreckt der Wurm am Boden.

Kein wahrer Kämpfer, forderte im Wahn des Rausches ja
den großen Helden er heraus, den erdrückend gewaltigen;
er hielt nicht stand dem Andrang seiner Waffen;
der Indra-Befeindete ward zermalmt, zerschmettert.

Der Fußlose und Handlose stritt gegen Indra,
der schlug ihm seine Keule auf den Rücken;
mit dem Bullen wollte der Verschnittene sich messen,
vielfach zerstückelt lag nun Vritra da.

Da wie geknicktes Rohr er kläglich liegt,
gehn die Gewässer, frei ansteigend, über ihn hinweg;
die Vritra mit seiner Macht umgeben hatte,
zu deren Füßen lag der Drache jetzt.
(...)

Groß bist du, Indra, dir haben willig
die Herrschaft Erd' und Himmel zugestanden;
du hast mit Kraft den Vritra erschlagen und dann die Ströme,
die von der Schlange verschlungenen, fließen lassen.

Bei deiner Geburt erzitterte vor deiner Wucht der Himmel,
die Erde zitterte aus Furcht vor deinem Zorn,
es bebten die gewaltigen Berge,
der Boden wankte, und die Wasser strömten.

Er spaltete den Berg, mit Kraft die Keule schleudernd,
und offenbarte sieghaft seine Macht,
er schlug im Rausch den Vritra mit der Keule,
eilig die Wasser strömten, als ihr Bullen-Mann erschlagen war.

Der Himmel, glaubt man, hat dich Heldensohn hervorgebracht,
Indras Erzeuger war der trefflichste Meister,
der erzeugt hat den Dröhnenden, Keulentüchtigen,
der gleich der Erde unerschüttert steht an seinem Ort.

Du allein bist's, der die Erde erschüttert,
als König der Völker, vielgerufener Indra!
Du wurdest zum Herrn aller Güter insgesamt
und hast alle Völker in Reichtum versetzt.

Doch hast du auch, sobald du geboren warst,
alle Völker, Indra, in Aufruhr versetzt,
den Drachen mit dem Donnerkeil zerschmettert,
der am Abhang lagernd die Flüsse versperrte.

Er verjagt die Heere, die sich versammelt haben,
der allein als der Gabenreiche in Schlachten bekannt ist,
er bringt den Kampfpreis ein, den er erobert;
mit ihm in Freundschaft mögen wir ihm lieb sein.[24]

Gegenüber: Die Schlange Uroboros, die sich selbst in den Schwanz beißt, ist Symbol für das Urmeer, die abgründige Dunkelheit vor der Schöpfung, das Undifferenzierte. Für den bedeutendsten Schüler und Mitarbeiter C. G. Jungs, Erich Neumann (1905–1960), symbolisiert der Uroboros unser kollektives Unbewusstes im dynamischen und statischen Aspekt seiner Ganzheit. Griechisches Manuskript. Bibliothèque nationale, Paris.

Zerstückeln und Zerteilen eines besiegten Urwesens

Die Aufopferung eines Urwesens

DAS OPFER DES URMENSCHEN PURUSHA (Indien)

Zu den späten Texten des frühindischen Rig Veda gehört das „Purusha-Lied". Dieser Hymnus handelt von der Schöpfung als Opfer. Die Welt wird als Opfergabe einer Gottheit an die Kreatur gesehen. Opfern wird zur göttlichen Hauptfunktion schlechthin. „Der Herr der Schöpfung war ganz allein. Da fasste er den Wunsch: Zum Opfer werdend möchte ich die Geschöpfe entspringen lassen."25 Wir erfahren, wie aus dem Ur- oder Weltenmenschen Purusha, „Person, Mensch", das gesamte Universum entsteht, und zwar durch ein Opfer. Der Urmenschgedanke beruht auf der Vorstellung einer Zusammengehörigkeit der großen äußeren Welt, dem Makrokosmos, und der kleinen Lebenswelt des Menschen, dem Mikrokosmos. Beide sind durch einen kosmogonischen Zusammenhang verbunden. Der kosmische Urmensch, eine „kosmische Ganzheit" (Mircea Eliade), der anthropomorph, also menschengestaltig erscheint, ist in jeder Hinsicht überdimensioniert, vom Menschen verschieden, ins Unermessliche gesteigert. Mit seinen tausend Köpfen, Augen und Füßen überdeckt er die Erde vollständig, reicht sogar über sie hinaus. Vergangenheit, Gegenwart und Zukunft der Welt vereinen sich in ihm. Der sich ständig entwickelnde, dynamische Purusha entlässt die als schlangenähnliches Wesen dargestellte weibliche Schöpfungskraft (Viraj) aus sich heraus. Durch Selbstzeugung entsteht der „Allherrscher" und durch ihn die Ganzheit des Universums. Schöpfung ist demnach Emanation, ein „Ausfließen" und Hervorgehen aus dem eigenen Sein. Auch wenn von ihrer Entstehung im Text nicht die Rede ist, so treten nun die Götter auf und opfern den Purusha, der sich wie ein Opfertier auf der Schlachtbank von den Göttern zerstückeln lässt. Aus seinem zerteilten Körper werden die Jahreszeiten, so dass von nun an die strukturierte Zeit existiert. Des weiteren entstehen aus dem Opfer alle Tiere, Opferverse und -melodien, Menschen, aber auch die Elemente des Kosmos: Sonne, Mond, Luft.

Das Purusha Sukta

Unendlich viele Köpfe hat der Höchste
Mit unendlich vielen Augen
Unendlich vielen Füßen
Regt er sich und die gesamte Schöpfung.
In Wahrheit ist er
Unbegreiflich
Jenseits von dem,
was Menschen greifen können.

Purusha allein ist
Alles was ist, alles was war, und all das, was noch sein wird.
Der Herr des Unvergänglichen ist allein er.
Und all das, was als vergänglich sich zeigt
Ist Purusha ebenfalls.

Alles auf Erden
Entspringt seiner Herrlichkeit
Die gesamte Schöpfung
Ist nur ein Bruchteil Seiner Selbst
Sein Hauptteil im Himmel
Ist unvergänglich.

Drei Teile des Höchsten
Sind jenseits der Schöpfung
Nur ein Teil des Höchsten ist auf Erden
Bringt Lebendes und Lebloses hervor.

Aus Ihm, dem Großen
Kam das Universum
Und aus Mitgefühl in seinem Herzen
Ein allumfassender Schöpfergott

Der Frühling entzündete
Die Opferfeuer
Der Sommer hielt sie am Brennen

DIE AUFOPFERUNG EINES URWESENS

Der Herbst wurde als Gabe verbrannt
Doch das Opfer, das die Götter verbrannten
War nichts als Puruṣha Selbst.

Für siebenfach umzäunte
Drei mal sieben Opferfeuer
Banden die Götter
Den Höchsten als Opfertier.

Mit heiligem Wasser
Besprützten die Götter und Seher den Anfanglosen
Um den Herrn des Opfers Selbst darzubringen
Auf einem Lager aus Stroh.

Bei dieser „Opferung Gottes"
Wurde eine zeremonielle Mixtur aus Yoghurt und
Butterfett bereitet
Aus welcher der Schöpfergott dann alles bereitete
Die Tiere, die die Luft und die freie Natur bevölkern
Und das, was in Siedlungen lebt.

Aus diesem „urersten Opfer"
Entstanden die Hymnen der Veden
Die Versmaße
Und die magischen vedischen Formeln.

Aus diesem „urersten Opfer"
Entstanden die Pferde
Und Wesen mit einfachen und doppelten Zahnreihen
Auch die Rinder und Ziegen und Schafe
Entstanden aus dieser Mixtur.

Als die Götter
Den Höchsten
Dann geopfert und in einzelne Teile zerlegt hatten
Was wurde aus seinem Kopf, seinen Armen, seinen
Beinen, seinen Füßen?

Was formten Götter daraus?

Aus seinem Haupt entstanden die Priester.
Der Adel kam aus seinen Armen
Die Bürgerschaft aus seinen Beinen
Und aus seinen Füßen das dienende Volk.

Aus Vishnus Geist entsprang Chandra, der Mond
Aus seinen Augen Surya, die Sonne
Aus seinem Mund wurden Indra, der Himmel, und Agni, das Feuer
Und Vayu, der Wind, aus seinem Atemhauch.

Der Weltraum entsprang aus seinem Nabel
Der Himmel aus seinem Haupt
Bhumi, die Erde, entstand aus seinen Füßen
Und aus seinen Ohren
Die Himmelsrichtungen
Durch die Macht des bloßen Gedankens
Formten die Götter die Welt.

Diesen Höchsten, Glorreichen,
der alles erschuf, alles benannt hat
der die Unwissenheit vertreibt wie das Licht der Sonne
der alles erhält, diesen erkenne ich
denjenigen, welcher IST.

Keinen anderen Weg kenne ich zur Befreiung
Als Jenen, den der Schöpfergott als Höchsten sah, und offenbarte
Als Jenen, den der Himmelsherr überall erkannte
Wer den Höchsten auf diese Weise erkennt
Erlangt in diesem Leben Unsterblichkeit.

Durch Opferung vollzogen die Götter das urerste Opfer.
Und erschufen die entsprechenden Wege
Die Großen werden den Himmel erlangen
durch den Pfad derer, die vollendet haben,
und im inneren Frieden sind.[26]

Die Aufopferung eines Urwesens

Pan-Gu bricht das Ei auseinander (China)

Hinweise auf Schöpfungsmythen sind in China spärlich. Bereits in der Jungsteinzeit, etwa seit dem 5. Jahrtausend v. u. Z., hat es aber unterschiedliche Vorstellungen von der Weltentstehung gegeben. Sie flossen zusammen und veränderten sich dadurch wieder. Vielleicht lag es auch an der planvollen Unterdrückung durch die Konfuzianer, dass nur wenige Überlieferungen eines Weltschöpfungsmythos vorhanden sind, die anschließend noch von späteren Redaktoren bearbeitet wurden.

Der Welteimythos gehört zu den wenigen chinesischen Texten, die man eindeutig als Schöpfungsmythen bezeichnen kann. Er stammt aus dem 3. Jahrhundert v. u. Z. und erzählt von der kosmischen Schöpfergestalt Pan-Gu, der aus einem Ei hervorging. Pan-Gu wird als Kind von Yin und Yang bezeichnet.

Diese beiden für die chinesische Religionsgeschichte so wichtigen Größen finden sich abgebildet in dem altchinesischen Symbol des T'ai-chi Tú, „Diagramm der höchsten Realität", ein Kreis mit zwei aneinandergeschmiegten schwarzen und weißen Elementen. Sie symbolisieren die beiden Urkräfte alles Seins. Die Aufteilung des Seins in die zwei Grundkategorien ist älter als die schriftlichen Aufzeichnungen aus China. Frühe Kultgegenstände zeigen bereits die „Symbolik der Polarität und des Wechsels". Yang repräsentiert das männliche Prinzip, steht für: hell, stark, schöpferisch, fest, oben, Bewegung, klar und rational. Yin anderseits ist das weibliche Prinzip: dunkel, schwach, ruhig-kontemplativ, nachgiebig, unten, Erde, Ruhe, kompliziert-intuitiv. Männlich und weiblich, Tag und Nacht sind nach chinesischem Verständnis keine absoluten Gegensätze; denn beide enthalten den Kern des jeweils anderen in sich. Daher befindet sich auf der schwarzen Fläche des T'ai-chi-Tú-Symbols ein kleiner weißer Kern und auf der weißen umgekehrt ein schwarzer Punkt. Die Yin-Yang-Lehre ist Grundlage der chinesischen Medizin und Ernährungslehre.

Pan-Gu wurde in einem riesigen Ei geboren. Weil er immer größer wurde, sprengte er schließlich die Eischale: Aus dem Eiweiß entstand der Himmel, und das Eigelb wurde zur Erde. Um zu verhindern, dass die beiden getrennten Elemente wieder zur unförmigen, chaotischen, undifferenzierten Ursubstanz würden, drückte Pan-Gu den Himmel nach oben und die Erde nach unten. Die anschließende Handlung Pan-Gus mag man als Selbstopfer deuten: Aus dem gestorbenen Pan-Gu entwickeln sich die einzelnen Schöpfungselemente: Wolken, Wind, Donner, die Gestirne, die kosmischen Erscheinungen wie Regen und Tau sowie die Flüsse und Berge, die Pflanzenwelt. Von Tieren weiß der Mythos nichts zu erzählen. Noch weitere Quellen schildern das Selbstopfer Pan-Gus: „Nur sein Tod konnte das Universum vervollkommnen. Aus seinem Schädel wurde die Himmelskuppel gebildet, aus seinem Fleisch der Humus der Äcker, aus seinen Knochen entstanden die Felsen, aus seinem Blut Flüsse und Seen, aus seinem Haar wurden die Pflanzen. Sein Atem war der Wind. Seine Stimme machte den Donner. Sein rechtes Auge wurde zum Mond. Sein linkes Auge zur Sonne. Aus seinem Speichel und Schweiß kam der Regen. Und aus dem Ungeziefer, das seinen Körper bedeckte, entstand die Menschheit."[27]

Gegenüber: Die kosmische Schöpfergestalt Pan-Gu hält das Ei des Chaos in beiden Händen. Er selbst wurde darin geboren, und aus dem Ei entstand der ganze Kosmos. Lithografie, China, 19. Jahrhundert. British Museum, London.

His large fair front, & eye sublime declar'd   Round from his parted forelock manly hung
Absolute rule   & hyacinthin locks   Clustering, but not beneath his shoulders broad.

DIE AUFOPFERUNG EINES URWESENS

Die acht Trigramme (Orakelzeichen) und das Yin- und Yang-Symbol aus dem I Ging, dem „Buch der Wandlungen". Es ist das älteste Buch Chinas und beinhaltet die älteste chinesische Philosophie, die auf den Wechselwirkungen der beiden polaren Grundkräfte Yin (unterbrochene Linie) und Yang (durchgezogene Linie) aufbaut. Die sich in ständiger Wandlung befindlichen Trigramme stellen die Urzeichen dar und gelten als Bilder alles dessen, was in Himmel und Erde vor sich geht.

Am Anfang waren da zwei Kräfte: Yin, die Macht der Finsternis und der Schatten, und Yang, die Macht der Sonne und des Lichts. Yin und Yang hatten ein Kind. Es hieß Pan Gu.

Pan Gu wurde in einem riesigen Ei geboren. Im Innern des Eies war es dunkel. Achtzehntausend Jahre lebte Pan Gu im dunklen Ei und wurde immer größer. Schließlich konnte das Ei ihn nicht mehr halten. Die Schale bekam Risse – bis das Ei platzte.

Die klaren, hellen Teile des Eis flossen nach oben und bildeten den Himmel, die dunklen, schweren Teile sanken herab und bildeten die Erde.

Pan Gu brach das Ei auseinander und reckte sich in die Höhe. Er wollte verhindern, dass Erde und Himmel sich wieder verschmelzen. Darum wurde er Tag für Tag größer und stärker und stemmte den Himmel nach oben und die Erde nach unten. So hielt er sie auseinander.

Weitere achtzehntausend Jahre vergingen. Da wurde Pan Gu müde, legte sich hin und starb. Sein Atem bildete die Wolken und den Wind, seine polternde Stimme wurde der Donner. Eines seiner Augen wurde der Mond, das andere die Sonne. Seine Haare und sein Bart wurden die Sterne am Himmel. Sein Schweiß wurde Regen und Tau. Auch Flüsse, Berge, Pflanzen, Bäume, Steine und Edelsteine wurden aus seinem Körper gemacht.[28]

---

[1] Ulrich Mann: Schöpfungsmythen, Stuttgart u.a., S. 98.

[2] Hermann Baumann: Das doppelte Geschlecht, Berlin 1956.

[3] Susanne Hansen: Mythen vom Anfang der Welt, Augsburg 1991, S. 24f.

[4] Ebd., S. 26f.

[5] Theogonie 116–132 in der Übersetzung von Johann Heinrich Voß. In: Hansen, a. a. O., S. 121.

[6] Ebd., S. 124.

[7] Vgl. Bernd Michael Linke: Spiegel, Schwert und Krummjuwel. Schöpfung von Natur, Mensch und Staat in Japan. In: Ders. (Hg.): Schöpfungsmythologie in den Religionen, Frankfurt/Main 2001, S. 121–146, hier S. 135.

[8] Mircea Eliade: Mythen, Träume und Mysterien, Salzburg 1961, S. 253.

[9] Ebd., S. 252.

[10] Ebd., S. 253.

[11] Hansen, a. a. O., S. 249.

[12] Ebd., S. 391–393.

[13] Mircea Eliade: Der Teufel und der liebe Gott: Die Vorgeschichte der volkstümlichen rumänischen Kosmogonie. In: Ders.: Von Zalmoxis zu Dschingis Khan. Religion und Volkskultur in Südosteuropa, Frankfurt/Main 1990, S. 85–138, hier S. 133f.

[14] Ebd., S. 134.

[15] Zitiert bei Heinrich von Wlislocki: Märchen und Sagen der Transsilvanischen Zigeuner. Gesammelt und aus unedirten [sic] Originaltexten übersetzt, Berlin 1886, S. 1f.

[16] Fritz Stolz: Weltbilder der Religionen, Zürich 2001, S. 64.

[17] Ebd., S. 64.

[18] Hansen, a. a. O., S. 54–58.

[19] Kurt Schier: Religion der Germanen. In: Johann Figl (Hg.): Handbuch Religionswissenschaft, Innsbruck-Wien-Göttingen 2003, S. 209.

[20] Ebd., S. 210.

[21] Jan de Vries: Altgermanische Religionsgeschichte, 2 Bde. 1935/37, Berlin 1956/57, S. 120.

[22] Hansen, a. a. O., S. 367ff.

[23] Jan Gonda: Die Religionen Indiens, Bd. I: Veda und älterer Hinduismus, Stuttgart u. a. 1960, S. 55.

[24] Rig-Veda 2,12. In: Hansen, a. a. O., S. 205–211.

[25] Maitrayani-samhita 1 9,3.

[26] Rig-Veda 10,90.

[27] Vgl. Barbara C. Sproul: Schöpfungsmythen der östlichen Welt, München 1994, S. 245f.

[28] Nach chinesischen Motiven nacherzählt von Monika Tworuschka.

SCHÖPFERGOTTHEITEN

Götter und Göttinnen können unterschiedliche Funktionen haben. Es gibt Ackerbau-, Ahnen-, Astral-, Baum- und Waldgottheiten. Manche Gottheiten sind für Erlösung und Heil zuständig. Himmelsgottheiten stehen Erdgottheiten gegenüber. Für die Schöpfung sind viele verschiedene Gottheiten zuständig.

4

1 Der fünfköpfige Schöpfergott Brahma mit Saraswati, seiner Shaki oder Lebenskraft, auf dem Rücken seines Reittieres, der kosmischen Gans. Kreidezeichnung. Victoria & Albert Museum, London.

2 Polynesische Schöpfergottheit Tangaroa. Rurutu-Inseln, Polynesien. British Museum, London.

3 Schöpfergott Banaitja aus Arnhemland, Australien. National Gallery of South Australia, Adelaide.

4 Der gefiederte Gott Quetzalcoatl mit den Merkmalen des Vogels und der Schlange. Aztekisches Relief, Tenochtitlan, Mexiko. Museum für Völkerkunde, Hamburg.

Schöpfung durch handwerkliche Tätigkeit

Zahlreiche Schöpfungserzählungen aus der ganzen Welt sehen in der Schöpfung einen handwerklichen Vorgang, also ein konkretes Formen, Kneten, Zusammenfügen. Die Schöpfergottheit wird als Schmied, Töpfer, Gießer, Weber und Künstler dargestellt. Aus dem alten Zweistromland ist das Motiv vom töpfernden Gott bekannt, der die Menschen aus Lehm fertigt. Solche Vorstellungen haben ihren Eingang auch in die Bibel gefunden. Im vedischen Indien (1750–500 v. u. Z.) war das handwerkliche Tun eines Weltschöpfers oder Demiurgen eine von vielen weiteren Schöpfungsvorstellungen. Die Gottheit Visvakarman gilt als Architekt des Universums und Schöpfer der Götter. Wie ein Zimmermann misst er die Welt aus. Die Erde wird von Pflöcken gehalten und mit Pfosten gestützt. In einer Upanishad heißt es, dass Visvakarman die Welt aus dem ewig vorhandenen Urholz schnitzt. Auch der Gott Tvastr ist ein Handwerker, ein Gott der Kunstfertigkeit und ein „Designer". Brahmanaspati schließlich ist Schmied. Die für den Schöpfungsvorgang verwendeten Tätigkeitswörter sind dementsprechend handwerklich ausgerichtet. Stets wird etwas ursprünglich Formloses in eine Form gebracht, durch Töpfern, Schnitzen, Weben. Indische Mythen erzählen vom „Ausmessen" und „Verfertigen", auch von „Schaffen", worunter die Emanation aus seiner eigenen Person verstanden wird. Die Gottheit erschafft, indem sie sich selbst in Götter, Asuras (Dämonen), Menschen und so weiter differenziert. In Ethnien der südostasiatischen Religionswelt mit Miao- und Yao-Sprachen (Südchina) erzählt man sich Geschichten von zwei Gehilfen des höchsten Gottes, die Himmel und Erde schaffen, indem sie reiben, glätten, zurecht biegen, einebnen, aufgraben, zusammenbinden. Ein anderer Mythos berichtet, wie zwei Wesen, Gulo und Gulong, die Monde aus Kupfer und die Erde aus Eisen schmieden, aus dessen Funken die Sonnen entstehen.[1] Kolumbianische Guayabero-Indianer erzählen, wie sich die Gottheit Wamek Wachs

75
Schöpfung durch handwerkliche Tätigkeit

besorgt, dieses wie einen Maisfladen knetet, ihn dann auf das Wasser legt und anbrennt. Auf diese Weise entsteht die Erde.

Oben: Der griechische Gott des Feuers und der Schmiedekunst Hephaistos fertigt mit seinen Helfern, den einäugigen Zyklopen, den berühmten Schild des Achilles. Links von ihm steht Athena, die Lieblingstochter des Zeus, die mit Helm und Brustpanzer dem väterlichen Haupt entsprang. Die ewig jungfräuliche Göttin ist Schutzherrin der Städte, des Ackerbaus, der Wissenschaften und der Künste, steht aber auch den Helden in ihrem besonnenen Kampf zur Seite. Museo Nuovo nel Palazzo dei Conservatori, Rom.

Gegenüber: Gott schafft die Gestirne durch seiner Hände Arbeit – wie ein irdischer Künstler sein Werk. Mosaik 12. Jahrhundert. Monreale, Sizilien.

Sotuknang fügte zusammen und knetete (Hopi-Indianer, Nordamerika)

Der Indianerstamm der Hopi, „die Friedfertigen", lebt heute in mehreren kleinen Dörfern im Navajo-Reservat im nordöstlichen Arizona. Die Hopis gehören zu den wenigen indianischen Ethnien, die weitgehend ihre ursprünglichen Bräuche bewahrt haben.

In den letzten Jahren des 20. Jahrhunderts erzählten alte Frauen und Männer der Hopi Frank Waters, der drei Jahre unter ihnen lebte, ihre Mythen. Diese wurden in der Originalsprache auf Tonbänder aufgezeichnet und dann ins Englische übersetzt. Da es sich bei den Erzählungen aber um Wissen handelte, das man außerhalb der Zeremonien nicht erzählen durfte und schon gar nicht einem Fremden, wurde später heftige Kritik an denen geübt, welche die Überlieferungen weitergegeben hatten.

In der folgenden Erzählung ist von dem Schöpfergott Taiowa die Rede. Dieser beauftragt seinen Neffen Sotuknang mit der Schöpfung von Erde, Wasser und Wind. Sotuknang ruft danach die Spinnenfrau hervor – eine wichtige Figur in der Mythologie nicht nur der Völker des Südwestens von Nordamerika –, die zwei erste Menschen als Zwillinge formt. Der eine Zwilling soll Ordnung auf der Erde halten. Der andere erhält den Auftrag, mit seiner Stimme für Ordnung zu sorgen, indem er als Echo der gesamten Welt Loblieder für Taiowa singt. Danach halten beide Zwillinge von den Polen her die Erde in regelmäßiger Drehung.

Die erste Welt war ein unendlicher Raum, genannt Tokpela. Am Anfang existierte nur der Schöpfer Taiowa. Sonst gab es nur unendliche Leere ohne Anfang, ohne Ende, ohne Zeit, ohne Gestalt, ohne Leben. Nur im Geist des Schöpfers Taiowa gab es Anfang und Ende, Zeit, Gestalt und Leben.

Doch er, der Unbegrenzte, ersann das Begrenzte. Als Erstes erschuf er Sotuknang, den Herrn des Weltalls. Durch ihn wollte er das Begrenzte sichtbar machen. Taiowa sprach zu ihm: „Ich habe dich als erste Kraft und mein Werkzeug erschaffen, damit du meinen Lebensplan im unendlichen Raum in die Tat umsetzt. Ich bin dein Onkel und du mein Neffe. Geh nun hin und schaffe in dieser Welt eine geeignete Ordnung, dass alle Dinge in Harmonie miteinander leben und nach meinem Plan zusammenarbeiten.

Sotuknang leistete dem Befehl Folge. Aus dem unendlichen Raum fügte er zusammen, was eine feste Masse bilden sollte. Er knetete Formen, die er in neun Bereiche verteilte: eines für den Schöpfer Taiowa, eines für sich selbst und sieben Reiche für das Leben, das entstehen sollte. Nachdem er dies vollendet hatte, ging er zu Taiowa und fragte ihn: „Ist alles nach deinem Plan geschehen?"

„Es ist sehr gut", erwiderte Taiowa. „Nun möchte ich, dass du mit den Gewässern ebenso verfährst. Verteile sie so, dass jedes der Reiche erhält, was ihm zukommt."

So sammelte Sotuknang vom unendlichen Raum, was Gewässer werden sollte und verteilte es so auf die Reiche, dass sie zur Hälfte aus festem Land und zur Hälfte aus Wasser bestanden. Und wieder ging er zu Taiowa und sagte: „Ich möchte, dass du dir anschaust, was ich geschaffen habe und mir sagst, ob es deine Zustimmung findet."

„Es ist gut", erwiderte Taiowa. „Als Nächstes musst du die Kräfte der Luft in friedliche Bewegung bringen."

Sotuknang tat, was ihm aufgetragen war. Aus dem unendlichen Raum nahm er das, was zu Winden werden sollte, formte es zu riesigen Atemkräften und verteilte sie rings um die Reiche als sanfte geordnete Bewegung.

Taiowa fand Gefallen an Sotuknangs Werk. „Du hast meinen Plan wunderbar verwirklicht. Doch dein Werk ist noch nicht vollendet. Nun musst du Leben schaffen, um meinen Plan zu vollenden."[2]

Eine Kachina von Tawa, dem göttlichen Vater der Hopis. Kachinas sind Ahnengeister, die den Regen und das Gedeihen von Pflanzen beeinflussen. Einmal im Jahr kehren die Kachinas in die Dörfer zurück und tanzen dort, indem sie als Masken ihre Träger in Ahnengeister verwandeln. Die heiligen und geheimen Rituale werden nur von hohen Priestern aufgeführt. Kachinas gibt es in Gestalt geschnitzter Holzfiguren, die früher Hopikinder mit den Ritualen vertraut machen sollten und heute als Touristenattraktionen verkauft werden. Diese Kachina ist geschnitzt von Colleen Talahytewa-Hopi, eine 1968 in Moenkopi geborene Künstlerin aus einer Familie von Kachina-Schnitzern.

Schöpfung durch handwerkliche Tätigkeit

Als das Land jung war (Japan)

Die einheimische Religion Japans ist der Shinto (chin. Shin = geisterhafter Kult; to = tao = Weg) oder auf japanisch Kami-no-michi, „Weg der Kami", der bis Anfang des 6. Jahrhunderts u. Z. in Japan allein herrschte. Im Shintoismus ist die Rede von „acht Myriaden oder Millionen Kami". Die Grundbedeutung des Wortes Kami ist umstritten. Man kann es nicht einfach mit Gott übersetzen, da Kami sehr viel mehr umfasst als personale Gottheiten. Kami bedeutet „der Obere, der Höhere, übergeordnet, mächtig". Gemeint ist „eine überlegene geistige Kraft, die in erster Linie solche Naturgeschehnisse kontrollieren kann – Jahreszeitenwechsel, Erntewuchs, rechtzeitige Regenzeit, das Besiegen einer Pest –, die über die Verfügungs- und Verstehensmöglichkeit des Menschen hinausgehen."[3] Die Kami kennen die dem Menschen verborgene Zukunft. Daher kann man sie zum Schutz vor Unglück, für besondere Zwecke und bestimmte Informationen anrufen. Die meiste Zeit des Jahres wohnen sie gewissen Gegenständen und Orten ein, die aufgrund ihrer Gestalt oder ihrer geheimnisvollen und Furcht erregenden Assoziationen zeigen, dass sie Träger einer überirdischen Macht sind. Diese Auffassung vom Wesen der Kami wirft Licht auf das Naturverständnis des Shinto: Die belebte und unbelebte Natur ist kein Objekt, über das der Mensch schrankenlos verfügen kann. Sie steht mit der Welt der Kami in engster Beziehung. Auch wenn viele „aufgeklärte" Japaner nicht mehr daran glauben, dass Flüsse, Seen, Berge und Bäume von Kami bewohnt sind, denen man sich verehrungsvoll nähert, so wird auch heute noch zum Beispiel bei einer Schiffstaufe oder der Inbetriebnahme eines Atomkraftwerkes ein Shinto-Priester beteiligt. Er hat die Aufgabe, den Kami des unbelebten Dinges „einzuschreinen" und diesem seinen Segen zu spenden.

Der folgende Text ist dem ältesten japanischen Geschichtswerk, dem Kojiki, „Aufzeichnungen alter Begebenheiten", entnommen, das im Jahre 711 u. Z. von dem

Schöpfung durch handwerkliche Tätigkeit

Gegenüber: Izanami und Izanagi erschaffen die japanischen Inseln. In seinem Bild zeigt der japanische Künstler Kobayashi Eitaku (1843–1890) einen aus Wasser, Luft und einer Brücke bestehenden Raum. Die Mythologie berichtet von dem Geschwisterpaar Izanami und Izanagi, das mit einer Lanze den Ozean umrührt – auf dem Bild ist Izanagi damit beschäftigt. Als die Geschwister die Lanze wieder aus dem Wasser ziehen, tropft von ihrer Spitze Salz herab, das zur ersten Insel Onogoro-shima („Die von selbst geronnene Insel") gerinnt. Rollbild aus Seide, Meiji-Epoche, Mitte 1880. Museum of Fine Arts, Boston.

Gelehrten und Höfling O no Yasumaro (gest. 723) aufgeschrieben wurde. Das in drei Teile gegliederte Kojiki berichtet über die Zeit von der Teilung des Himmels und der Erde bis zum Jahre 628 u. Z. Das Werk erzählt von der Entstehung der drei ersten Kami sowie weiterer Generationen von Kami. Ob die drei Kami vor der Trennung von Himmel und Erde existierten, oder ob sie erst nach der Trennung auftauchen, bleibt unklar. Das Element „musubi" in den Namen der Götter weist auf Geburt und Werden, auf Schöpfung und Evolution hin. Es ist eine „Lebensenergie (...) kreativer Impuls, der alle Lebensprozesse in Göttern, Menschen und im gesamten Kosmos antreibt zur schöpferischen Evolution. Alles Wachstum im Universum geht aus der Selbstentfaltung göttlicher Kräfte hervor."[4] Der zweitgenannte Kami ist eng mit den Himmelskami, der dritte dagegen mit den Kami der Erde verbunden. Neben den beiden gibt es noch zahlreiche andere Musubi-Kami. Man kann die Einzel-Kami und die Geschwister-Kami – wie Izana-gi und Izana-mi – nicht mit Schöpfergottheiten anderer Religionen vergleichen. So sind die Kami nicht präexistent, denn sie wurden geboren. Und die eigentlichen „Schöpfergötter", das Geschwister- und Liebespaar Izanagi, „die männliche Hälfte, die einlädt", und Izanami, „die weibliche Hälfte, die einlädt", erhalten von den himmlischen Kami den Auftrag, Oyashima, „die acht großen Inseln" Japans, sodann Wasser, Wind, Berge, Ebenen, Feuer und so weiter, schließlich die Herrscher der Welt sowie die größten Kami Amaterasu o-mi-kami, „die Kami, die den Himmel erleuchten", Tsukui-yomi, „der Mondbeherrscher", und Takehaya-Susano-o, „der tapfer-schnelle Held", zu schaffen. Der Auftrag an Izanagi und Izanami lautet „formen und befestigen" (shuri kosei). Als Erstes entsteht die Insel Onogoro, „die von selbst Geronnene". Dann steigt das Geschwisterpaar auf die Insel hinab, errichtet eine Himmelssäule, um die es in wildem Liebesspiel herumtollt. Beide entdecken, wie Kinder entstehen. Sie schlafen miteinander, und so entstehen sieben weitere japanische Inseln. Außerdem werden neue Kami geboren.

Das Motiv des kosmogonischen Schaffens durch Herumrühren im Urwasser mit einem Gegenstand findet sich auch in einem mongolischen Mythos. Er erzählt davon, dass am Anfang, als noch keine Erde existierte, sondern ausschließlich Wasser, ein Lama vom Himmel herabkam und das Wasser mit einer Eisenstange umrührte. Wind und Wasser entstanden so, und durch ihre Wirkung verdickte sich das Wasser auf der Oberfläche mitten im Ozean und verfestigte sich zu Land.

Zu Beginn von Himmel und Erde entstanden im Gefilde des hohen Himmels drei Gottheiten, die sich in Unsichtbarkeit verbargen: Ame-no-minaka-nushi-no-Kami, „Herr der hehren Mitte des Himmels", Taka-mi-musubi-no-Kami, „Hoher, hehrer Erzeuger", und Kami-musubi-no-Kami, „Göttlicher Erzeuger". Das Land war noch jung und trieb wie schwimmendes Öl umher, als aus einem aufsprießenden Schilfschössling zwei weitere Gottheiten entstanden, die sich ebenfalls verbargen. (...) Nach ihnen entstanden weitere Götter (...). Diese Gottheiten bezeichnet man zusammen als die sieben Generationen des Götterzeitalters.

Hierauf befahlen die Himmelsgötter den beiden Gottheiten Izanagi-no-Kami und Izanami-no-Kami: „Schaffet, befestiget und vollendet dieses umhertreibende Land!" Sie gaben ihnen einen himmlischen Juwelenspeer. Die beiden Gottheiten standen nun auf der schwebenden Brücke des Himmels, stießen den Juwelenspeer nach unten und rührten damit herum. Und als sie die salzige Flut gerührt hatten, bis sie sich zäh verdickte, und den Speer dann heraufzogen, häufte sich die von der Speerspitze herabträufelnde Salzflut an und wurde eine Insel. So entstand die Insel Onogoro.[5]

Das Aufschäumen des Milchmeers (Indien)

Nach hinduistischer Anschauung gibt es keine einzelne Schöpfung am Anfang der Zeit, die irgendwann einmal ihr Ende findet, sondern einen Schöpfungszyklus. „Die heiligen Schriften des Judentums, Christentums und Islams berichten von der Schöpfung unserer jetzigen Erde. (...) Die indischen heiligen Texte berichten von einem sich zahllose Male von Ewigkeit zu Ewigkeit begebenden Weltentstehen und Weltvergehen."[6] Am Beginn jedes Zyklus befindet sich der höchste Gott auf den Urwassern und ruht auf der Urschlange. Aus dem Nabel des Gottes – Symbol für den Ursprung – wächst eine Lotusblume empor, aus der dann der Schöpfergott Brahma zu Bewusstsein erwacht und mit der Schöpfung beginnt.

In den Puranas, den „alten" Sanskrittexten, die ihren Ursprung in vedischen Überlieferungen haben und zur Erbauung der niedrigen Kasten und Frauen dienten, wird von zehn Avataras, „Herabstiegen", des Gottes Vishnu erzählt. Bei jedem dieser Avataras soll Vishnu die Dharma-Ordnung erneuern. Es geht also nicht so sehr um das Neuschaffen von etwas, sondern um die Wiederherstellung von Grundlegendem. Dharma, die umfassende „Seins- und Sollensordnung" (Gustav Mensching) des Hinduismus, umfasst wesentlich mehr als Religion in unserem Verständnis: die Gesamtheit aller Vorschriften und Regeln, die das rechtliche, moralische, soziale und religiöse Leben der Gemeinschaft prägen. Zu Dharma gehören die soziale Gliederung, das heißt die Einteilung der Hindu-Gesellschaft in Kasten und Unterkasten, die Gesamtheit der Opfer und Zeremonien, der gesamte Rechtsbereich (z. B. Straf-, Erb-, Eherecht), die Festsetzung der Sünden und ihrer Sühne, Wallfahrten, Feste und Feiern. Dharma ist also das „Sich-richtig-Verhalten", das von Stand zu Stand, Geschlecht zu Geschlecht, Beruf zu Beruf und so weiter verschieden ist. Jeder Avatara erneuert mit seinem schöpferischen Tun den Dharma.

In Gestalt einer Schildkröte (Kurma) erscheint Vishnu bei seiner vierten Inkarnation. Wegen eines Fluchs, der über die Götter ausgesprochen worden war, hatten sie ihre Jugend verloren. Vishnu kommt ihnen dadurch zu Hilfe, dass er den Trank der Todlosigkeit aus dem Milchozean gewinnt, der die ganze Welt umspült. Nur mit Unterstützung ihrer Widersacher, der dämonischen Asura, kann die Quirlung des Milchozeans gelingen.

Damals waren die Dämonen, die Asuras, noch nicht die Feinde der Götter. Noch machten sie gemeinsame Sache. Beide beschlossen, das aus Milch bestehende Urmeer aufschäumen zu lassen. Die Fluten sollten in Wallung kommen, um den Urtrank Amrita hervorzubringen. Der Gott Vishnu half in Gestalt der riesigen Schildkröte Kurma. Der Berg Mandara wurde auf den Kopf gestellt. Er sollte als Rührstab dienen. Seine Spitze fand auf der riesigen Schildkröte Kurma Halt. Der Gott Vishnu sorgte dafür, dass alles im Gleichgewicht blieb. Nun nahmen die Götter die Weltschlange Vasuki und schlangen sie als Seil um den Berg. Dann zogen sie die Weltschlange hin und her und benutzten sie, um den Rührstab in Bewegung zu setzen. Der gewaltige Quirl drehte sich und brachte das Milchmeer in Wallung. Die Götter und Dämonen drehten so heftig, dass Feuer und Dampf emporstiegen. Der ganze Berg wäre zerstört worden, wenn der Gott Indra nicht Regenwolken mit kühlendem Wasser gesandt hätte.

Dies war das Aufschäumen der Schöpfung. Herrliche Dinge stiegen aus den Fluten. Da kam die wunderbare Ur-Kuh Surabhi. Sie brachte den Wohlstand für die Menschen. Darum verehren die Hindus die Kuh. Dann kam die Göttin des Weins, der Baum des Paradieses, dessen Geruch die Welt erfüllt, schließlich die Nymphen, die in Indras Himmel wohnen. Das Aufschäumen ging weiter. Schließlich erschien ein weißes Pferd, das Herr Vishnu als Reittier nahm, und ein Elefant, auf dem Indra reiten sollte. Dann entstieg dem Meer der Götterarzt Dhavantari mit der Schale Amrita. Der Dämon Rasu entwandt ihm den Trank; doch Vishnu tötete Rasu. Die Götter

SCHÖPFUNG DURCH HANDWERKLICHE TÄTIGKEIT

Links: Götter und Asuras (Dämonen) gemeinsam im Milchozean. Hinduistische Miniatur, 18. Jahrhundert. Musée Guimet, Paris.

Folgende Doppelseite: Die Quirlung des Milchmeeres durch Kurma, den Schildkröten-Avatar, „Herabstieg", des Gottes Vishnu. Wasserfarbe aus Indien, Uttar Pradesh, ca. 1860–1870. Victoria & Albert Museum, London.

tranken von Amrita, dem Trank der Unsterblichkeit, und brachten den Berg an seinen ursprünglichen Ort zurück. Die Weltschlange war erschöpft und litt große Qualen. Sie öffnete ihr Maul, und Ströme von blauem Gift quollen heraus. Doch der Gott Shiva sprang hervor und schlang das Gift hinunter. Seitdem besitzt er eine blaue Kehle. Die Götter wollten den Urtrank Amrita behalten und nicht mit den Dämonen teilen. Die gerieten daraufhin in rasende Wut. Es kam zu einem gewaltigen Kampf. Die Dämonen wollten die Götter stürzen. Doch Vishnu zermalmte die bösen Dämonen. Und die Götter wurden unsterblich.[7]

[1] Gernot Prunner: Die Religionen der Minderheiten des südlichen China. In: Andreas Höfer u.a.: Die Religionen Südostasiens, Stuttgart u.a. 1975, S. 199.

[2] Nacherzählt von Monika Tworuschka.

[3] Carmen Blacker: Religions of Japan. In: Historia Religionum, vol. II, Religions of the Present, ed. by C. Jouco Bleeker und Geo Widengren, Leiden 1971, S. 536.

[4] Thomas Immoos: Shintoismus. In: Johann Figl (Hg.): Handbuch Religionswissenschaft, Innsbruck-Göttingen 2003, S. 294.

[5] Aus: Rudolf Jockel: Die lebenden Religionen, Berlin u.a. 1959, S. 56f.

[6] Walter Eidlitz: Der Glaube und die heiligen Schriften der Inder, Freiburg i.Br. 1957, S. 29.

[7] Nacherzählt von Monika Tworuschka.

Schöpfung durch Zeugen und Gebären

Viele Schöpfungsmythen deuten die Entstehung der Welt als einen biologischen Vorgang, sie verstehen die Schöpfung als einen Zeugungs- und Gebärprozess. So handeln viele indische Texte davon, wie ein Gott schöpferische Askese übt und sich dabei erhitzt. Diese Vorstellungen sind voller sexueller Konnotationen. Vor allem der Gedanke des Ausbrütens spielt in diesem Zusammenhang eine große Rolle. Auch das Hervorgehen der Schöpfung aus dem Akt der Masturbation ist mancherorts anzutreffen, zum Beispiel in Ägypten. Bilder des Befruchtens einer Urmaterie, zum Beispiel Wasser, oder des Entspringens der Schöpfung aus einem Urkeim, gehören zu den häufiger auftretenden Mythenmotiven.

Die Göttin Nut und ihr Bruder und Gemahl Geb in Liebesvereinigung. Nut ist die Göttin des Himmelsraumes und Herrin der Gestirne. Nut beugt sich über die Erde und berührt mit ihren Händen und Füßen die Ecken der Erde und ihr Kopf zeigt nach Westen. Nut gilt als Mutter des Re. Sie verschluckt jeden Abend die Sonne, um sie am nächsten Morgen wieder zu gebären. Ägyptischer Papyrus. British Museum, London.

SCHÖPFUNG DURCH ZEUGEN UND GEBÄREN

DAMALS WAR NICHT DAS NICHTSEIN NOCH DAS SEIN (Indien)

Dieser Schöpfungshymnus aus dem späten Rig-Veda endet skeptisch; denn ob die Schöpfung, so wie das Lied sie schildert, auch wirklich geschehen ist, weiß nur ein höchster Gott – oder auch nicht ... Ausgangssituation des Hymnus ist die Phase vor aller Schöpfung, als es weder den Zustand des Nichtexistierenden und Nichtorganisierten, des Chaos, des „Nichtseins" (Asat), noch den Zustand des Existierenden, des Kosmos, des „Seins"

SCHÖPFUNG DURCH ZEUGEN UND GEBÄREN

Gegenüber: Luft, Wolken, Himmel – sie waren nach Aussage eines indischen Schöpfungsmythos im Anbeginn der Welt noch nicht vorhanden.

(Sat) gab, das heißt das innerhalb unserer irdischen Erfahrung Daseiende. Auch gab es weder Tod, also die Menschen, noch Nicht-Tod oder Unsterblichkeit, also die ewigen Götter. Im Asat, dem chaotisch-unorganisierten Zustand des Nichtseins herrscht Amrt, das Gegenteil von Rta, der „Ordnung". Der Indologe Jan Gonda definiert Rta folgendermaßen: „Es ist die auf Gesetzmäßigkeit und Regelmäßigkeit beruhende normale und deshalb richtige, natürliche und deshalb wiederum wahre Struktur des kosmischen, weltlichen, menschlichen, rituellen Geschehens. Seine Existenz und sein Walten werden zugleich als Norm für alles, was in der Welt recht und richtig ist, als rechte Ordnung und wahre, richtige Wirklichkeit empfunden."[1] Im Anfang, vor allem Existierenden und Nichtexistierenden, gab es ein Drittes zwischen beiden: „das Eine" (Ekam), „ein Ursein, für das alle aus der empirischen Daseinswelt genommenen Begriffe unanwendbar sind"[2], das undifferenzierte Prinzip, das Absolutum. Wohlgemerkt, es ist nicht von „dem Einen", also einem personalen Gott die Rede, sondern von einem neutralen Urprinzip. Das „Eine" ist jedoch lebendig; denn es „atmete", wenngleich „ohne Hauch" und in ganz „eigner Weise", also nicht wie die übrigen Lebewesen durch Ein- und Ausatmen. Dieses absolute eine „Das" (Tad) steht im Gegensatz zu „Diesem" (Idam) in unserer Vielheitswelt. Der anfängliche Zustand hat dann gekeimt, und es klingt die Vorstellung einer Schöpfung aus dem Ei an. Das Eine wird durch Askese geboren, durch „der Hitze Kraft" (Tapas). Verlangen, Liebe, Sexualität (Kama) überkommt das Eine. „Die benötigte Wärme für die Brut entsteht aus dem glühenden Schmerz, der Kraft der kreativen Glut Tapas, dem Sich-innig-Wünschen, dem Lieben oder aus dem Sich-Kasteien!"[3] Worin jedoch der letzte Ursprung der Welt liegt, bleibt im Dunkeln. Denker trennen das Existierende vom Nichtexistierenden, schaffen ein „Drunten" und „Droben". Die Götter können die Welt keinesfalls geschaffen haben; denn sie sind erst spätere Produkte, also selbst erst geschaffen worden und nicht am Schöpfungsprozess beteiligt.

Über die Bedeutung dieses Mythos herrscht Uneinigkeit. Der Indologe Walter Ruben hielt ihn für „mystifizierendes Wortgeklingel"[4], doch ist dem Text Tiefgang nicht abzusprechen; denn er fragt nicht nur nach der Herkunft der Götter, sondern nach dem Urgrund der Welt und der Materie.

Damals war nicht das Nichtsein, noch das Sein,
Kein Luftraum war, kein Himmel drüber her. –
Wer hielt in Hut die Welt, wer schloss sie ein?
Wo war der tiefe Abgrund, wo das Meer?

Nicht Tod war damals noch Unsterblichkeit,
Nicht war die Nacht, der Tag nicht offenbar. –
Das atmete, jedoch in eigner Weise, ohne Hauch, das Eine.
Von ihm verschieden war sonst nichts vorhanden.

Von Dunkel war die ganze Welt bedeckt,
Alles Dieses war ein unbestimmtes Gewoge, –
Da ward, was in der Schale war versteckt,
Das Eine durch der Hitze Kraft geboren.

Aus diesem ging hervor zuerst entstanden,
Als der Erkenntnis Samenkeim, die Liebe; –
Des Daseins Wurzelung im Nichtsein fanden
Die Weisen, forschend, in des Herzens Triebe.

Als quer hindurch sie ihre Messschnur legten,
Was war da unterhalb? und was war oben? –
Keimträger waren, Kräfte, die sich regten,
Selbstsetzung drunten, Angespanntheit droben.

Doch, wem ist auszuforschen es gelungen,
Wer hat, woher die Schöpfung stammt, vernommen?
Die Götter sind diesseits von ihr entsprungen!
Wer sagt es also, wo sie hergekommen? –

Er, der die Schöpfung hat hervorgebracht,
Der auf sie schaut im höchsten Himmelslicht,
Der sie gemacht hat oder nicht gemacht,
Der weiß es! – oder weiß auch er es nicht?[5]

Prajapati durchbricht das goldene Ei (Indien)

Prajapati, der indische „Herr der Nachkommenschaft oder der Geschöpfe", ist in gewissem Sinne die höchste Gottheit in den Brahmanas, einer Textsorte aus der mittelvedischen Epoche (ca. 1200–850 v. u. Z.). Die Brahmanas beschäftigten sich im Anschluss an die Veden mit Opferfragen. Diese Texte wurden dem Rig-Veda als Anhang hinzugefügt und dienten als Anweisungen für die Opferpriester. Der nachstehende Text stammt aus der relativ späten Satapathabrahmana, „Brahmana der hundert Abhandlungen". In den meisten Brahmanas ist Prajapati der von Anfang bestehende Schöpfergott. Doch in Texten wie dem folgenden ist dieser „Herr der Geschöpfe" selbst erst geschaffen worden. Die Schilderung der Schöpfung setzt mit der Beschreibung einer chaotischen Wasserwelt ein. Von ihr heißt es, dass sie sich fortpflanzen möchte und sich deshalb abquält und kasteit. In den meisten brahmanischen Schöpfungstexten wird genau dies auch von Prajapati gesagt. „Im Anfang war hier nur Prajapati allein. Er dachte bei sich: ‚Wie kann ich mich fortpflanzen?' Er quälte sich ab, er kasteite sich. Er erzeugte aus seinem Mund den Agni."[6] Wie in den meisten anderen Schöpfungsaussagen bereitet sich Prajapati auf sein Schöpfungswerk vor, indem er „sich abmüht, abquält und kasteit". Diese Verben stammen von der sprachlichen Wurzel šram ab, auf die übrigens der spätere buddhistische Begriff Šramana, „Asket", zurückgeht. Tapas bedeutet nicht nur Kasteiung, sondern auch Hitze, die Assoziationen zur Bruthitze erweckt.

Das Urwasser erzeugt die potentielle Welt in Gestalt eines goldenen Eies, das jedoch nicht wie im finnischen Kalevala (vgl. S. 46f.) von einem Vogel auf die Urwasser gelegt, sondern von der Wasserflut selbst hervorgebracht wird. In beiden Texten spielen Wärme und Hitze eine wichtige Rolle: Im Kalevala wird das Ei von dem Vogel im Nest ausgebrütet; in dem Brahmanatext passiert dies durch die Erwärmung der Wasser. Nachdem er alles geschaffen hat, ist Prajapati erschöpft, kraftlos, völlig entleert. „So ist Prajapati das All in dessen zwei Aspekten: vor der Schöpfung das konzentrierte, integrale All, das Eine, und nachher das zerlegte, zerstreute, differenzierte All, die uns bekannte Welt."[7]

Der Mythos von Prajapati weist insofern Elemente eines Ursprungsmythos auf, als irdische Erscheinungen wie die Dauer der Geburt von Mensch und Kuh, das Sprechen des Kindes, auf göttliche Ursachen zurückgeführt werden. Im Mythos von Prajapati spielt auch das Motiv der Schöpfung durch das Wort (vgl. S. 96ff.) eine wichtige Rolle. Erde, Luftraum und Himmel gehen auf göttliche Schöpfungsworte zurück. Diese drei Worte haben den Charakter von Mantras, worunter man Silben, Wörter oder kurze Wortfolgen mit besonderen Kräften versteht. Von den drei besonders heiligen „großen Worten" heißt es: „Dies fürwahr ist das Brahman, dies die Wahrheit, dies das Recht; ohne dies gibt es keine Opfer."[8]

Die Welt war anfangs Wasser, eine wogende Flut. Es wünschte sich fortzupflanzen, kasteite sich und tat Buße. Als es Buße tat, entstand ein goldenes Ei. Es gab damals noch kein „Jahr". Das goldene Ei schwamm so lange umher, wie die Zeit eines Jahres beträgt.

Daraus entstand in einem Jahre ein Mann, der Prajapati. Darum gebiert innerhalb eines Jahres eine Frau oder Kuh oder Stute; denn innerhalb eines Jahres entstand Prajapati. Er durchbrach das goldene Ei, fand aber keinen Halt. Da trug ihn, umherschwimmend, für die Dauer eines Jahres das goldene Ei. Nach Jahresfrist wünschte er zu sprechen. Er sagte bhûr, da entstand die Erde; er sagte bhuvar, da entstand der Luftraum; er sagte suvar, da entstand der Himmel. Darum wünscht ein Kind nach Jahresfrist zu sprechen; denn nach Jahresfrist sprach Prajapati.

Als er zum ersten Mal sprach, sagte Prajapati ein und zwei Silben; darum sagt ein Kind, wenn es zum ersten Mal spricht, ein und zwei Silben. Die fünf Silben (bhûr usw.) machte er zu den fünf Jahreszeiten. Das sind diese fünf Jahreszeiten. Praja-

Schöpfung durch Zeugen und Gebären

Das befruchtete Weltenei. Aus Rajastan stammendes Motiv aus dem hinduistischen Tantrismus des 18. Jahrhunderts, der den Gedanken der Weiblichkeit in den Mittelpunkt stellt.

pati erhob sich nach Jahresfrist so über diese entstandenen Welten; darum wünscht ein Kind nach Jahresfrist sich zu erheben; denn nach Jahresfrist erhob sich Prajapati. Er wurde tausend Jahre. Wie einer zum anderen Ufer eines Flusses hinübersieht, so sah er zum anderen Ufer seines Lebens.

Singend und sich kasteiend wandelte er, sich Nachkommenschaft wünschend, umher. Er legte in sich Zeugungskraft; er schuf mit dem Munde die Götter (deva); diese Götter wurden für den Himmel (div) geschaffen, darum sind die Devas Devas. Als sie für den Himmel geschaffen wurden, war es für den, der sie geschaffen hatte, wie Tag. Darum sind die Devas Devas, weil es für den, der sie geschaffen hatte, wie Tag war.

Mit seinem abwärts gehenden Hauch schuf er die Asuras; diese wurden für die Erde geschaffen. Für ihn, der sie erschaffen hatte, war es gleichsam dunkel.

Er wusste: „Ich schuf ein Übel, weil es für mich nach ihrer Erschaffung gleichsam dunkel wurde." Daher durchbohrte er sie mit Unheil, daher gingen sie zugrunde. Darum sind die Geschichten von den Göttern und Asuras, die man teils im Epos, teils in der Sage erzählt, nicht wahr. Denn „daher durchbohrte Prajapati sie mit Unheil, daher gingen sie zugrunde." Das hat ein Prophet in dem Verse ausgesprochen: „Nicht hast du irgendeinen Tag gekämpft, nicht lebt dir, Herr, ein Feind. Eine Täuschung nur ist es, was man von deinen Kämpfen sagt: nicht heut noch früher hast du einen Feind bekämpft."

Was für ihn nach Schaffung der Götter wie Tag war, das machte er zum Tage; was für ihn nach Schaffung der Asuras wie dunkel war, das machte er zur Nacht. Das ist Tag und Nacht.

Prajapati dachte bei sich selbst. „Wahrlich, alles habe ich im Verborgenen (tsar) erreicht, ich, der ich diese Götter schuf." Daraus wurde das „sarvatsara", denn zweifellos ist „sarvatsara" dasselbe wie „samvatsara" (Jahr). Und wahrlich, wer weiß, dass „samvatsara" dasselbe ist wie „sarvatsara", kann von keinem Bösen überwältigt werden, das sich ihm durch magische Künste im Verborgenen (tsar) nähert. Und wer weiß, dass „samvatsara" dasselbe ist wie „sarvatsara", überwältigt jeden, der magische Künste betreibt.

Prajapati dachte bei sich selbst: „Wahrlich, hier habe ich ein Gegenstück zu mir geschaffen, nämlich das Jahr." Von daher stammt die Wendung: „Prajapati ist das Jahr", denn er schuf es als ein Gegenstück zu sich selbst. Insofern als „samvatsara" (Jahr), genauso wie „Prajapati", aus vier Silben besteht, ist es ein Gegenstück zu ihm.

Dies also sind die Gottheiten, die aus Prajapati geschaffen wurden: Agni, Indra, Soma, Prameshtin Prajapatya. Sie wurden mit einem Leben von tausend Jahren geboren: Wie einer in der Ferne zum anderen Ufer hinübersieht, so sahen sie zum anderen Ufer ihres Lebens hinüber.[9]

Atum verschlingt seinen eigenen Samen
(Ägypten)

Das Zeugungsmotiv spielt in der ägyptischen Theologie von Heliopolis im Zusammenhang mit Gott Atum eine große Rolle. Atum wird durch den Akt der Masturbation zum Erzeuger des Götterpaares Schu, „Leere", der „Personifikation des freien Raumes zwischen Himmel und Erde"[10] und Tefnut, „Feuchtigkeit". In einem alten Pyramidentext heißt es: „Atum, der zum Selbstbefriediger geworden ist in Heliopolis, er nahm den Phallus in seine Faust, um damit Lust zu erregen. Ein Geschwisterpaar wird erzeugt, Schu und Tefnut."[11] Hinter den Namen verbirgt sich ein Wortspiel, das in dem nachstehenden Text zum Ausdruck kommt, wenn vom „Ausspeien" (Schu) und „Aushusten" (Tefnut) die Rede ist. Die aus anderen Texten bekannten Elemente des Schöpfungsmythos wie chaotisches Urwasser und Urhügel, die Einsamkeit des Urgottes, sind auch hier vorhanden.

Als Himmel und Erde am Anfang noch nicht getrennt waren und als es noch überhaupt kein Leben gab, ganz am Anfang also, waren Atum und das Urwasser Nun allein. Aus Nun erhob sich Atum von selbst, hoch wie ein Hügel. Als er seiner Einsamkeit überdrüssig war, verschlang Atum seinen eigenen Samen, befruchtete sich und gebar Schu, den Windhauch, und Tefnut, die Feuchtigkeit. Er gebar sie, indem er sie aus seinem Mund spie. Schu und Tefnut zeugten Geb, die Erde, und Nut, den Himmel. Diese zeugten Isis und Osiris, die Göttin des Lebens und den Gott des Totenreichs. Dann zeugten sie Seth und Nephthys. König wurde Horus, der Sohn der Isis.[12]

Der ägyptische Schöpfergott Atum wird durch den Akt der Masturbation zum Erzeuger des Götterpaares Schu und Tefnut. Detail vom Sarg von Nespawershepi, dem Hauptgelehrten des Amun-Tempels. Bemaltes Holz, 21. Dynastie, um 984 v. u. Z., West-Theben. Fitzwilliam Museum, Cambridge.

Awonawilona befruchtete das Meer (Zuni, Nordamerika)

Die Zuni gehören zu den Indianern des Südwestens von Nordamerika und siedeln im westlichen Pueblo-Gebiet. Sie leben südlich der Navajo und Hopi. Besonders hoch entwickelt war das Kultwesen der Zuni. Sie besaßen sechs Kultbünde, die mit dem Ahnenkult verbunden waren. Ahnen sind wohlwollende Geistwesen, welche die Nachkommen beschützen, für deren Ernährung sorgen und in Notsituationen helfen.

Ein weit verbreitetes kosmogonisches Motiv ist das Auftauchen der Menschen aus der Erde. Die Zuni erzählen davon, wie die Menschen – damit ist ihre eigene Ethnie gemeint – durch vier unterirdische Höhlen reisen, bis sie schließlich vom „Sonnenvater" aus der untersten Welt erlöst werden.

Awonawilona ist der selbst entstandene Schöpfergott, „Sonnenvater", und Yaonan, „Mondmutter", ein bisexuelles Wesen, das die Wolken und die großen Wasser der Welt schuf.

Awonawilona, der Schöpfer, befruchtete das Meer mit seinem eigenen Fleisch und brütete es mit seiner eigenen Wärme aus. Daraus entstanden grüne Schäume, die zu der vierfaltigen Mutter Erde und dem alles bedeckenden Vater Himmel wurden, aus denen alle Geschöpfe entsprangen. Aus der untersten der vier Höhlen der Welt nahm dann der Same der Menschen und aller Geschöpfe Gestalt an und wuchs; so wie sich bei Eiern an warmen Orten schnell Würmer bilden und mit dem Wachsen die Schalen brechen und Vögel, Kaulquappen oder Schlangen entstehen, so vermehrten sich der Mensch und alle Geschöpfe auf vielerlei Weise. Die unterste Welthöhle quoll über von Leben, angefüllt mit unfertigen Geschöpfen, die in schwarzer Dunkelheit wie Reptilien übereinander kletterten, sich eng aneinander drängten und aufeinander traten. Sie spuckten einander an oder benahmen sich sonstwie derart ungehörig, dass das Gebrummel und Lamentieren immer lauter wurde. Viele versuchten, dieser zunehmenden Verwirrung zu entfliehen, und wurden klüger und menschenähnlicher. Da kam Poshai-an-K'ia, der herausragendste und klügste aller Menschen, aus dem untersten Meer unter die Menschen und Lebewesen. Er bemitleidete sie und fand einen Weg, diese erste Welthöhle zu verlassen. Der Pfad aber war so dunkel und schmal, dass es zu einer großen Drängelei kam. Einige rangen so sehr miteinander, dass sie ihm nicht folgen konnten. Nur Po-shai-an-K'ia gelangte von einer Höhle in die nächste und schließlich in diese Welt, die damals wie eine Insel inmitten der Weltwasser lag, riesig, nass und schwankend. Er suchte und fand den Sonnenvater und flehte ihn an, die Menschen und alle Geschöpfe aus jener untersten Welt zu erlösen.[13]

Gegenüber: Sonnengeist Tawa der Pueblo-Indianer. Smithsonian Institute, National Anthropological Archives, Washington.

---

[1] Gonda, a. a. O., S. 78.

[2] Gustav Mensching (Hg.): Das lebendige Wort, Baden-Baden 1951, S. 419.

[3] Ram Adhar Mall: Der Hinduismus, Darmstadt 1997, S. 25.

[4] Walter Ruben: Beginn der Philosophie in Indien, Berlin 1955, S. 28.

[5] Rig-Veda 10,129. In: Hansen, a. a. O., S. 201f.

[6] Satapathabrahmana II, 2,4.

[7] Gonda, a. a. O., S. 188.

[8] Zitiert bei Moritz Winternitz: Geschichte der indischen Literatur, Bd. 1, Leipzig 1909, S. 162.

[9] Sproul, a. a. O., S. 215f.; XI,1,6.

[10] Gonda, a. a. O., S. 188.

[11] Herman Kees: Der Götterglaube im Alten Ägypten, Berlin 1977, S. 219f.

[12] Hansen, a. a. O., S. 28f.

[13] Nacherzählt von Monika Tworuschka auf der Basis von „Die Erschaffung der Welt". In: Hansen, a. a. O., S. 307f.

GROSSE MUTTER

1

2

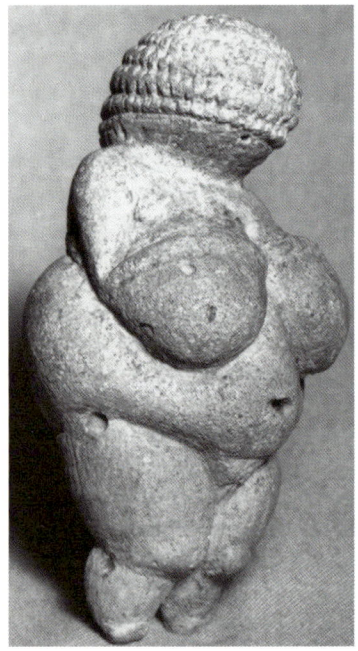

3

4

Neben den väterlich gedachten Himmelsgöttern spielen Muttergottheiten in vielen Religionen eine wichtige Rolle. Sie herrschen in der Erdtiefe, sind Inbegriff von Fruchtbarkeit und sinnlicher Liebe. Auch gelten sie als Herrinnen der Toten. Prähistorische Darstellungen der so genannten Großen Mutter weisen oft eine Überbetonung der Brüste und des Beckens auf. Die phrygische Göttermutter Kybele wurde „Magna mater" (Große Mutter) genannt.

5

1 Muttergottheit aus Anatolien, Neolithicum, 6. Jahrhundert v. u. Z. Privatsammlung.
2 Aztekische göttliche Mutter Tlazolteotl. Sammlung Robert Wood Bliss, Washington.
3 Venus von Willendorf, altsteinzeitlich. Naturhistorisches Museum, Wien.
4 Afrikanische Fruchtbarkeitsgöttin Nimba. Staatliches Museum für Völkerkunde, München.
5 Götterpaar (links) und Mutter mit Kind. Anatolien, neolithische Skulptur, 6. Jahrhundert v. u. Z. Catal Hüyük, Türkei.
6 Venus von Lespugue, Elfenbeinfigur, französische Steinzeit. Musée de l'Homme, Paris.
7 Tonfigur aus Zypern, um 2 500 v. u. Z. British Museum, London.
8 Große Mutter, aztekisch, 15. Jahrhundert, Cholula-Tlaxcala-Kultur, Mexiko. British Museum, London.
9 Venus von Laussel, Steinzeit, ca. 25 000 Jahre alt. Musée d'Aquitaine, Bordeaux.

SCHÖPFUNG DURCH DAS WORT

Siebzig bis achtzig Prozent der Wahrnehmung eines Mitteleuropäers werden durch den Gesichtssinn gesteuert. Dem Auge wird in der Hierarchie der Sinne der höchste Stellenwert zugeordnet. Diese Herrschaft des Auges ist physiologisch jedoch keine Notwendigkeit. Im Gegenteil: Der Gehörsinn ist bei weitem der differenzierteste aller unserer Wahrnehmungsmöglichkeiten. Die Dominanz des Augensinns scheint kulturspezifisch und historisch ein Produkt der westlichen Moderne zu sein. Für viele Religionen sind Worte, sind das Sprechen und Hören von zentraler Bedeutung. Einige kosmogonische Mythen verbinden die Weltschöpfung mit Worten, welche die Gottheit ausspricht. Ein altägyptisches Sprichwort besagt: „Der Mann lebt, dessen Namen genannt wird." Gesprochene Wörter entfalten Kräfte und sind schöpferisch. Das gilt auch für menschliche Worte. Fluchworte, Heil- und Schadenzauber gehören ebenso zur Kategorie des gesprochenen, wirksamen Wortes wie der Segen. Wenn man jemandem Gottes Segen wünscht, will man etwas bewirken, man will jemandem etwas Gutes tun. Einem Geburtstagskind wünscht man zum Beispiel: „Viel Glück und viel Segen auf all deinen Wegen." Am Ende des christlichen Gottesdienstes wird folgender Segen gesprochen: „Der Herr segne dich und behüte dich, der Herr lasse sein Angesicht leuchten über dir und gebe dir Frieden." Der niederländische Religionswissenschaftler Gerardus van der Leeuw schrieb: „Das Wort ist ein Akt, eine Haltung, ein Sich-stellen und Macht-üben. In jedem Wort ist etwas Schöpferisches. Es stellt dar. Es ist da vor der sog. Wirklichkeit. (...) Denn ein Wort ist immer ein Zauber: es weckt Macht, gefährliche oder wohltätige. (...) Das Wort ist eine entscheidende Macht. Wer Worte spricht, setzt Mächte in Bewegung. Die Macht des Wortes aber wird auf mannigfache Art gesteigert. Die Erhebung der Stimme, der Nachdruck, die Bindung durch Rhythmus und Reim – das alles verleiht dem Worte eine erhöhte Energie."[1]

SCHÖPFUNG DURCH DAS WORT

Gegenüber: Keilinschrift, Babylonian Creation Tablet I. Western Asiatic Collection 93014. 10. Jahrhundert v. u. Z. British Museum, London.

Unten: Die vier Evangelisten. Gemälde von Jacob Jordaens (1593–1673), entstanden 1625–1630. Musée du Louvre, Paris.

Schöpfung durch das Wort

Io bringt alles hervor, indem er es ausspricht (Maori, Neuseeland)

Vom höchsten Gott Io und seiner Schöpfungstat erzählen die Ngati Maru, einer der Tainui, „Große Flut"-Stämme, der neuseeländischen Maori, die südlich von Auckland leben. Die Maori sind auf zwei Inseln ansässig und nennen ihr Land Aotearoa, was soviel wie „große helle Welt" bedeutet. Alle Maori leiten sich auf Ahnen zurück, die auf einem Doppelboot beziehungsweise einem Boot mit Ausleger von Hawaiki nach Aotearoa kamen. Wo dieses sagenhafte Hawaiki liegt, darüber haben Forscher viel gerätselt. Die Schöpfungserzählung der Ngati Maru beruht sowohl auf Maori-Überlieferungen von der stufenweisen Entwicklung als auch auf der Schöpfungserzählung im ersten Buch der Bibel. Gott Io wird als der Anfangslose gepriesen, als „Io ohne Eltern", „Io Vater" und als „Io der Anfang". Ausgesprochen haben die Maori seinen Namen früher nie.

Vor aller Zeit weilte Io – der Ewige und Allwissende – im unendlichen, unermesslichen Luftraum. Es existierte überhaupt noch nichts, und alles war in tiefe Finsternis gehüllt und von Wasser zugedeckt. Io ist ein sprechender Gott, der alles hervorbringt, indem er es ausspricht. Das Licht erschuf er dadurch, dass er zur Finsternis sagte: „Finsternis, werde Licht besitzende Finsternis!" Sofort entstand Licht. Dann sagte er zum Licht: „Licht, werde Finsternis besitzendes Licht!" Da kehrte die Finsternis zurück, und Io trennte sie vom Licht, die Nacht vom Tag. Io sprach ein drittes Mal: „Lasst es oben und unten dunkel sein. Und lasst das Licht oben und unten sein. Aber das glänzende Licht soll die Herrschaft haben. Auf diese Weise gewinnt das Licht die Herrschaft über die Dunkelheit." Gott Io sah sich das Wasser an und befahl ihm, sich zu sammeln. Und den Himmeln befahl er, sich aufzurichten. Schließlich wurde die Erde sichtbar.[2]

Io, der Schöpfergott der Maori, bringt alles hervor, indem er es ausspricht. Gemälde von Ku Bailey (geb. 1964), West-Auckland, Neuseeland. Privatbesitz.

Am Anfang schuf Elohim Himmel und Erde (Judentum)

Am Anfang der Hebräischen Bibel, die von den Christen als Altes Testament bezeichnet wird, stehen zwei miteinander verbundene Schöpfungserzählungen unterschiedlicher Autoren und unterschiedlichen Alters. Die erste Schöpfungserzählung im 1. Buch Mose, auch Genesis genannt, stammt aus der Priesterschrift, eine der drei Quellenschriften der Genesis. Ihr anonymer Autor hat seine Schrift vermutlich nach der Babylonischen Gefangenschaft, etwa 550 v. u. Z., zusammengestellt. Die zweite Schöpfungserzählung ist etwa 400 Jahre älter und dürfte aus der Mitte des 10. Jahrhunderts stammen. Weil sie den Gott Israels meistens mit Jahwe, „er erweist sich; er ist", anredet, wurde sie von den Bibelwissenschaftlern dem jahwistischen Geschichtswerk zugeordnet.

Genesis 1 beginnt mit den für Schöpfungserzählungen typischen Worten „im Anfang". Wie schon die lateinische Übersetzung „in principio" deutlich macht, ist kein fixierbarer Zeitpunkt gemeint, kein Anfang einer profanen Zeitreihe, sondern etwas Prinzipielles, Grundlegendes. Die Zeit des alttestamentlichen Mythos liegt vor aller Zeit. Gott schafft Himmel und Erde. Elohim wird er genannt. Dies ist eigentlich ein Plural, doch die Hebräische Bibel verwendet Elohim meist singularisch. Elohim kann als pluralis majestatis gedeutet werden. So wie Fürsten ihre eigene Person durch einen Plural ausdrückten – „Wir, Wilhelm, von Gottes Gnaden" – so drückt im Hebräischen die Pluralform öfter nicht eine Quantität, sondern eine Qualität aus. Dieser Elohim erschafft Himmel und Erde. Das hier gebrauchte Verb bara, „schaffen", wird in der Hebräischen Bibel ausschließlich für das göttliche Schaffen und niemals für menschliches Tun verwendet. Die Wurzel von bara scheint „etwas (aus vorhandenem Material) ausschneiden" zu bedeuten. Von einer „Schöpfung aus dem Nichts", einer creatio ex nihilo, wie sie im Mittelalter der jüdische Denker Mosche ben Maimon aus Cordoba, auch Maimonides genannt, und die mystische Kabbala lehrten, ist in der Genesis noch keine Rede. Elohims Schöpfungstätigkeiten sind vor allem „sprechen" und „machen". Durch sein befehlendes Wort ruft Elohim alles ins Leben. Damit transzendiert, vergeistigt die Priesterschrift die Schöpfertätigkeit Gottes, der vom Jahwisten als eine Art Handwerker gesehen wird. Mit „Erde" ist zunächst nicht die eigentliche Erde gemeint, die später mit dem Begriff „das Trockene" bezeichnet wird, sondern das „Weltall". Der Stoff, aus dem alles entsteht, ist ein ungeheures Wasser-Chaos, eine große „Tiefe", ein „Abgrund" oder eine „Urflut", auf hebräisch Tehom. Das Wort entspricht dem babylonischen Tiamat, mag also Erinnerungen an den Chaosdrachen als mesopotamische Personifizierung des Weltmeeres wachrufen. Nachdem das Licht „geworden" ist, entsteht alles aus dem Wasser-Urgemisch. Durch ein Zwischengewölbe trennt Elohim das Wasser in ein oberes und unteres. Nach biblischer Vorstellung erstreckt sich über der Erde der „Himmel" oder das „Firmament", eine feste Substanz. Sonne, Mond und Sterne befinden sich in diesem Firmament oder kurz darunter. Ober- und unterhalb des Firmaments ist Wasser. Nach der Errichtung des Zwischengewölbes erfolgt eine weitere Trennung bei den „unteren Wassern": zwischen dem Wasser, das zum Meer wird, und dem trockenen Element, der festen Erde. Nachdem das Weltall dreigliedrig (Himmel, Erde, Meer) geschaffen ist, wird jeder Bereich weiter ausgestattet: die Erde mit Pflanzen, der Himmel mit Gestirnen, das Meer mit Tieren des Wassers, die Erde mit Landtieren. Schließlich wird der Mensch als Mann und Frau nach dem Bilde Elohims geschaffen. Er soll sich vermehren und erhält den Herrschaftsauftrag über alle nichtmenschlichen Kreaturen.

Der Ablauf der Schöpfung ist wohl durchdacht, klar gegliedert, durchsystematisiert. Unschwer ist zu erkennen, dass der nach Wochentagen gegliederte Prozess auf den siebten Tag zuläuft, den Elohim segnet und heiligt.

Schöpfung durch das Wort

Gegenüber: Auszug aus dem lateinischen Genesistext der „Gutenberg-Bibel", Mainz 1454, Johannes Gutenberg (1400–1468). Inc. 1511, Band 1, Blatt 5r. Staatsbibliothek Berlin, Preußischer Kulturbesitz, Handschriftenabteilung.

Auch wenn der Begriff nicht fällt, so handelt es sich bei dem 7. Tag um den Sabbath, an dem Elohim sich ausruht. Der für das Judentum so charakteristische Gedanke einer Schöpfungsordnung im Wechsel von Arbeit und Ruhe klingt beim Jahwisten nicht an.

Im Anfang erschuf Elohim Himmel und Erde. Die Erde war aber wüst und leer, und es war finster auf der Tiefe; und Elohims Geist schwebte über dem Wasser.

Elohim sprach: „Es werde Licht!" Und es wurde Licht. Elohim sah, dass das Licht gut war. Da schied Elohim das Licht von der Finsternis, und Elohim nannte das Licht Tag und die Finsternis Nacht. Aus Abend und Morgen wurde der erste Tag.

Dann sprach Elohim: „Es werde ein Gewölbe mitten im Wasser, das zwischen den Wassern scheide." Elohim machte das Gewölbe und trennte das Wasser unterhalb des Gewölbes von dem Wasser oberhalb des Gewölbes. So geschah es. Und Elohim nannte das Gewölbe Himmel. Aus Abend und Morgen wurde der zweite Tag.

Dann sprach Elohim: „Das Wasser sammle sich unter dem Himmel an besonderen Orten, damit man das Trockne sehe." So geschah es. Elohim nannte das Trockene Erde, und die Sammlung der Wasser nannte er Meer. Elohim sah, dass es gut war. Dann sprach Elohim: „Das Land lasse Gras und Kraut wachsen, das Samen bringe, und fruchtbare Bäume auf Erden, die ein jeder nach seiner Art Früchte tragen mit ihrem Samen darin." So geschah es. Und das Land ließ Gras und Kraut aufgehen, das Samen bringt, ein jedes nach seiner Art, und Bäume, die Früchte tragen mit ihrem Samen darin, ein jeder nach seiner Art. Elohim sah, dass es gut war. Aus Abend und Morgen wurde der dritte Tag.

Dann sprach Elohim: „Lichter sollen am Gewölbe des Himmels sein, die Tag und Nacht scheiden und geben Zeichen, Zeiten, Tage und Jahre und seien Lichter an dem Gewölbe des Himmels, damit sie über die Erde hin leuchten." So geschah es. Elohim machte zwei große Lichter: ein größeres, das über den Tag herrscht, ein kleineres, das die Nacht beherrscht, außerdem die Sterne. Elohim setzte sie an das Himmelsgewölbe, damit sie über die Erde hin leuchten und über Tag und Nacht herrschen und Licht und Finsternis trennen. Elohim sah, dass es gut war. So wurde aus Abend und Morgen der vierte Tag.

Dann sprach Elohim: „Das Wasser wimmle von lebendigen Wesen, und Vögel sollen über dem Land am Gewölbe des Himmels fliegen." Elohim schuf alle Sorten von großen Seetieren und andere Lebewesen, von denen das Wasser wimmelt, und alle Arten von gefiederten Vögeln. Elohim sah, dass es gut war. Elohim segnete sie und sprach: „Seid fruchtbar und vermehrt euch und erfüllt das Wasser im Meer, und die Vögel sollen sich auf dem Land vermehren." Aus Abend und Morgen wurde der fünfte Tag.

Elohim sprach: „Das Land bringe alle Arten von lebendigen Wesen hervor: Vieh, Kriechtiere und Tiere des Feldes." So geschah es. Elohim machte alle Arten von Tieren des Feldes, alle Arten von Vieh und alle Arten von Kriechtieren auf dem Erdboden. Elohim sah, dass es gut war. Elohim sprach: „Lasst uns Menschen machen als unser Abbild, die über die Fische im Meer herrschen und über die Vögel unter dem Himmel, über das Vieh und über alle Tiere des Feldes und über alle Kriechtiere." Elohim schuf also den Menschen als sein Abbild, als Bild Elohims schuf er ihn; und schuf sie als Mann und Frau. Elohim segnete sie und sprach zu ihnen: „Seid fruchtbar und vermehrt euch, bevölkert die Erde und macht sie euch untertan und herrscht über die Fische im Meer und über die Vögel unter dem Himmel und über das Vieh und über alle Tiere, die auf dem Land kriechen." Elohim sprach: „Hiermit übergebe ich euch alle Pflanzen auf dem Land, die Samen bringen, und alle Bäume mit samenhaltigen Früchten zu eurer Nahrung. Allen Tieren auf Erden und allen Vögeln unter dem Himmel und allen Kriechtieren gebe ich alle grünen Pflanzen zur Nahrung." So geschah es. Elohim sah alles an, was er gemacht hatte: Es war sehr gut. Aus Abend und Morgen wurde der sechste Tag. So wurden Himmel und Erde vollendet und ihr ganzes Gefüge. Am siebten Tag vollendete Elohim das Werk, das er geschaffen hatte, und er ruhte am siebten Tag, nachdem er sein ganzes Werk vollbracht hatte.[3]

Das ist der erste Bericht (Quiché-Maya, Südamerika)

Das Popol Vuh, „Buch des Rates", ist die heilige Schrift der Quiché, des „Wald"-Volkes, im Hochland von Guatemala in der Zeit vor Kolumbus. Das Popol Vuh enthält eine faszinierende Geschichte des Königreichs der Quiché. Sie reicht von Beginn der Schöpfung bis zu den Herrschern des Jahres 1550. Nach der spanischen Eroberung Guatemalas wurden die Schriften der Mayas sowie ihre Schriftzeichen verboten und stattdessen das lateinische Alphabet eingeführt. Einige Mayapriester aber fertigten heimlich Kopien älterer Schriften an, wobei sie jedoch lateinische Buchstaben verwendeten. 1702 entdeckte der Priester Francisco Ximénez in Chichicastenango eines dieser Bücher, von dem er eine Kopie anfertigte, der er eine spanische Übersetzung beifügte. Diese Ausgabe befand sich in der Bibliothek der San Carlos Universität in Guatemala City, wo sie 1854 entdeckt wurde. Wenige Jahre später erschienen eine französische und spanische Übersetzung. Heute befindet sich das Manuskript in der Newberry Bibliothek in Chicago. Das Popol Vuh handelt davon, wie sich Himmel und Erde zu bilden beginnen, wie der Schöpfer eine Messschnur anbringt, um den Himmel auszumessen und wie sie am Himmel und der Erde aufgespannt wurde.

Der „erste Bericht" oder die „erste Kunde" erzählt davon, wie am Anfang alles „aufgehängt war", oder wie auch übersetzt werden kann, sich „in der Schwebe befand". Nur der Himmel, unbeweglich, ruhig und leer und das große ruhige und sanfte Meer existierten am Anfang. Die Erde jedoch war noch nicht sichtbar, und weder Mensch noch Tier, oder sonst welche Naturerscheinungen existierten. Dem Leben mit seiner Dynamik und Helle steht der ungeschaffene Zustand gegenüber, charakterisiert durch seine Unbeweglichkeit, Stille und Dunkelheit beziehungsweise Nacht. Die beiden Götter Tepeu, der Creador, „Schöpfer", und Gucumatz, der Formador, „Gestalter", sowie die Progenitores, „Erzeuger", lebten im Wasser, „umgeben von Helligkeit".

In der Erzählung läuft alles auf die Erschaffung des Menschen zu, dem es aufgetragen ist, gehorsam zu sein, die Götter zu unterhalten, zu ernähren, zu verehren und anzubeten, damit die Götter, wie sie selbst realistisch erkennen, „in Erinnerung bleiben". Offensichtlich vergessen die Menschen ihre „gottesdienstlichen" Pflichten immer wieder. Die Erde samt Tieren und Pflanzen wird nur geschaffen, damit der Mensch auf ihr wohnen und seinen Aufgaben nachgehen kann. Die Schöpfung ist das Produkt eines intellektuellen Vorgangs bei den Schöpfergöttern Tepeu, Gucumatz und dem Corazón del Cielo, „Herz des Himmels", der auch Huracan oder Juracan genannt wird und ein mächtiger Wettergott ist. Bevor das Schöpfungswort ausgesprochen wird, beraten, verhandeln und beratschlagen die Götter, denken nach, kommen überein und fassen ihre Wörter und Gedanken zusammen. Das Ergebnis der nächtlichen Beratungen ist intellektuelle Klarheit, die schließlich in einem Beschluss endet: Damit „Ruhm" und „Größe" in die Schöpfung einziehen, muss der Mensch gestaltet werden. Ähnlich dem Schöpfungsvorgang in der Hebräischen Bibel und auch im Koran entstehen die Erde mit Bergen und Tälern sowie die Tiere: „So sagten sie, während sie nachdachten und sprachen. In diesem Moment wurde das Hochwild und alle Vögel erschaffen."

Nachdem das Worte „Erde" ausgesprochen worden ist und sie daraufhin zu existieren beginnt, wurde sie vermessen: durch „vier Strecken, vier Ecken, vierfaches Abmessen, vier Pfosten, Halbieren der Schnur, Spannen der Schnur in den Himmel, auf die Erde, die vier Seiten, die vier Ecken". Auf ähnliche Weise vermaßen die Bauern ihr Ackerland, bevor sie das Getreide anpflanzten. Die

Gegenüber: Weibliche Flötenfigur aus Steingut mit Affe und Kind im Schoß. Kunstwerk der Mayas, ca. 600–900 u. Z. Denver Art Museum Collection: Funds from the Exeter Drilling Company and Mr. and Mrs. Morris A. Long. 1979.3.

Erzählung von der Schöpfung der Erde spiegelte offenbar den alltäglichen Vorgang des Ackerbaus wider.

Dies ist der Bericht, wie alles aufgehängt war, alles in Ruhe und still. Alles unbeweglich, ruhig und leer die Ausdehnung des Himmels. Das ist der erste Bericht, die erste Betrachtung. Es gab noch keine Menschen, kein Tier, keine Vögel, keine Fische, keine Krebse, keine Bäume, keine Steine, keine Höhlen, keine Schluchten, weder Gräser noch Wälder; nur der Himmel existierte. Das Antlitz der Erde war nicht sichtbar. Es gab nur das stille Meer. Und den Himmel, in all seiner Größe. Es gab nichts, was aufrecht stand, nur das ruhige Wasser, das sanftmütige Meer, allein und ruhig. Es war nichts mit Leben erfüllt. Es gab nur Unbeweglichkeit und Stille in der Dunkelheit, in der Nacht. Nur der Creador (Schöpfer), der Formador (Gestalter), Tepeu, Gucumatz, die Progenitores (Erzeuger) waren im Wasser, umgeben von Helligkeit. Sie waren versteckt unter grünen und blauen Federn. Deswegen nennt man sie Gucumatz. Von großer Weisheit und großer Denkkraft ist ihre Natur. (Ihre Natur ist die der großen Weisen und großen Denker.) Auf diese Weise gab es den Himmel und auch das (Corazón del Cielo) Herz des Himmels, denn dies war der Name Gottes. So wurde es erzählt. Dann kam hierher das Wort, Tepeu und Gucumatz kamen zusammen, in der Dunkelheit, in der Nacht und sprachen miteinander.

ERSTE SCHÖPFUNG
Sie besprachen sich, beratschlagten miteinander und dachten nach, sie kamen überein, fassten ihre Wörter und Gedanken zusammen. Und so stellte sich mit Klarheit heraus, während sie nachdachten, dass bei Tagesanbruch der Mensch erscheinen sollte.

So beschlossen sie die Schöpfung und das Wachstum der Bäume und des Gebüsches, die Geburt des Lebens und die Erschaffung des Menschen. So wurde es in der Finsternis und in der Nacht vom Corazón del Cielo (Herz des Himmels), der Huracán heißt, beschlossen.

Der erste heißt Calculhá-Huracán. Der zweite ist Chipi-Calculhá. Der dritte Raxá-Calculhá. Diese drei sind das Corazón del Cielo. Es trafen sich Tepeu und Gucumatz und verhandelten über das Leben und das Licht. Wie man es anstellt, dass es hell wird und der Tag anbricht und wer es sein soll, der Lebensmittel herzustellen vermag und für den Unterhalt sorgt.

So soll es sein! Auf dass die Leere gefüllt wird! Dass das Wasser sich zurückzieht und den Raum freigibt! Dass die Erde auftauchen kann und sich festigt! So sprachen sie. Dass es im Himmel und auf der Erde hell werde und der Tag anbricht.

Es wird weder Ruhm noch Größe in unsere Schöpfung und Gestaltung geben, bis dass das menschliche Wesen, der gestaltete Mensch existiert. So sprachen sie. Danach wurde die Erde von ihnen erschaffen.

Wahrhaftig, so wurde die Erde erschaffen. – Erde! – sagten sie, und im selben Augenblick wurde sie gemacht. Wie der Nebeldunst, wie die Wolke und wie eine Staubwolke war die Schöpfung, als die Berge sich aus dem Wasser erhoben und sofort wuchsen die Berge. Nur durch ein Wunderwerk, nur durch magische Kunst wurden die Berge und die Täler erschaffen. In nur einem Augenblick schlugen die Zypressen- und Pinienhaine auf der Oberfläche aus. Gucumatz wurde trunken vor Freude und sagte: Es ist gut, dass du gekommen bist, Corazón del Cielo, du Huracán und du Chipi-Calculhá, Raxá-Calculhá! Unser Werk, unsere Schöpfung wird sich vollenden, antworteten sie.

Zuerst entstand die Erde, die Berge und die Täler; die Wasserläufe teilten sich; die Bäche suchten sich den freien Lauf zwischen den Hügeln. Und die Gewässer trennten sich, als die hohen Berge erschienen. So geschah die Erschaffung der Erde, als sie vom Herzen des Himmels (Corazón del Cielo) gestaltet wurde, vom Herzen der Erde (Corazón de la Tierra); so nennt man sie, die erstmalig die Erde fruchtbar gemacht haben, als der Himmel sich noch in der Schwebe befand und die Erde noch unter Wasser getaucht war. Auf diese Weise wurde das Werk vollendet, als sie es ausführten, nachdem sie über die glückliche Vollendung nachdachten und sich Gedanken machten.

Danach erschufen sie die Kleintiere der Berge, die Wächter aller Wälder, die Geister der Gebirge, das Hochwild, die Vögel,

SCHÖPFUNG DURCH DAS WORT

die Löwen, die Pumas, die großen und kleinen Schlangen, die Vipern, die Wächter des Busches.

Und dann sagten die Erzeuger: Wird es nur Stille und Unbeweglichkeit unter den Bäumen und dem Gebüsch geben? Es ist ratsam, dass es künftig jemanden gibt, der sie bewacht. So sagten sie, während sie nachdachten und sprachen. In diesem Moment wurde das Hochwild und alle Vögel erschaffen. Sofort teilten sie dem Hochwild und den Vögeln die Wohnstätten zu. Du, Hochwild, wirst in den Flussauen und in den Schluchten schlafen. Hier wirst du im Gestrüpp und im Gras leben. Im Wald werdet ihr euch vermehren, ihr werdet auf allen Vieren stehen und auf allen Vieren laufen.

Und so wie man es sagte, geschah es auch. Dann bestimmten sie auch die Wohnstätten der kleinen und großen Vögel: Ihr Vögel werdet auf den Bäumen und Büschen leben. Dort werdet ihr eure Nester bauen, dort werdet ihr euch vermehren, dort werdet ihr euch in den Ästen der Bäume und Büsche (vom Wasser ab)schütteln.

So sagte man das dem Hochwild, den Vögeln, den Löwen, den Pumas und den Schlangen. Sagt also eure Namen, lobpreist uns, euere Mutter, euren Vater. Ruft also Huracán Chipi-Calculhá, Raxá-Calculhá, Corazón del Cielo, Corazón de la Tierra (Herz der Erde), den Schöpfer, den Former und die Erzeuger an. Redet uns an, ruft uns an, betet uns an! sagten sie ihnen. Aber es gelang nicht, dass sie wie Menschen redeten. Sie schrieen nur, gackerten und grunzten. Es stellte sich keine Sprachform ein, und jeder schrie auf eine andere Art. Als der Schöpfer und der Former sahen, dass es nicht möglich war, dass sie sprachen, sagten sie sich: Es war nicht möglich, dass sie unsere Namen nennen, der unsrige, der ihrer Schöpfer, und Former. Das ist nicht gut, sagten sie sich, die Erzeuger. Dann sagte man ihnen: Ihr werdet ausgewechselt, weil man nicht erreichen konnte, dass ihr sprecht. Wir haben unsere Meinung geändert: eure Nahrung, eure Weideplätze, eure Wohnstätten und eure Nester könnt ihr behalten; es werden die Schluchten und die Wälder sein. Denn man konnte nicht erreichen, dass ihr uns anruft und anbetet.[4]

Popol Vuh, MS 1515, fol. 1v. The Newberry Library, Chicago, Illinois, Ayers Collection.

Amun bricht das Schweigen (Ägypten)

Der Gott Amun taucht zu Beginn des Mittleren Reiches zum ersten Mal in der Götterlehre Thebens auf. Sein Entstehen aus dem Ei erzählt der folgende Text, der von einem Mauskript aus der 19. Dynastie (1300–1200 v. u. Z.) stammt. Dargestellt wird Amun in menschlicher Gestalt mit einer Federkrone, gelegentlich als Widder mit gebogenen Hörnern. Amun gehört zu den ägyptischen Großgottheiten und verdankt seine Stellung der erfolgreichen Politik der thebanischen Könige. Zur Zeit des Mittleren Reiches, als Theben Reichshauptstadt wird, steigt Amun zum Reichsgott auf.

Amun taucht aus dem Urwasser auf und entsteht aus sich selbst aus einem Ei. Das Motiv des „Urhügels" spielt eine bedeutende Rolle in Ägypten. Als weder Himmel noch Erde existierten, schuf die Gottheit einen ersten kleinen Lehmhügel. Auch Ausdrücke wie „Sandhügel", „hoher Hügel", „Emporgetauchtes" sind in den Texten zu finden. Auf dem Urhügel öffnet sich das Ur-Ei, aus dem in unserem Text Amun hervorgegangen war.

Amun, „der Verborgene" und „Schöne", war der einsame Gott des Anfangs. Er entstand im Uranfang, als die Urwasser noch alles bedeckten. Seine Gestalt kennt niemand. Vor ihm, dem ersten Gott, existierten noch keine anderen Götter. Keine Mutter besaß Amun, nach der sein Name hätte genannt werden können. Und einen Vater hatte er auch nicht, der ihn gezeugt und dann gesagt hätte: „Das bin ich." Aus dem Urwasser ragte der Urhügel hervor. Auf ihm lag ein großes Ei, aus dem Amun hervorgegangen war. Amun entstand durch sich selbst. Überall herrschte damals tiefes Schweigen. Doch Amun brach das Schweigen, fing an zu schreien. Er erschuf aus sich selbst die Göttin Amaunet. Amun schrie, als die Erde ohne Lebenskraft war. Amun befahl der Welt zu entstehen. Amun schuf die Geschöpfe und gab ihnen Leben. Er zeigte den Menschen einen Weg, den sie gehen sollen. Ihr Herz lebt, wenn die Menschen Amun sehen. Amun ist geheimnisvoll, groß und mächtig. Seinen geheimen Namen auszurufen kommt einem Todesurteil gleich. Daher ruft auch kein anderer Gott Amun mit seinem geheimen Namen an.[5]

Amun-Re mit seiner Gattin Mut auf dem Thron.
19. Pharaonendynastie. Musée du Louvre, Paris.

Schöpfung durch das Wort

Ptah erschafft durch Zähne und Lippen (Ägypten)

Bei den Alten Ägyptern wird das Thema Schöpfung selten um ihrer selbst willen dargestellt. Es gibt daher nur wenige altägyptische Texte wie die altisraelitischen Schöpfungserzählungen in der Genesis, dem babylonischen Enuma Elish und der Theogonie des Hesiod. In den Götterlehren von Hermopolis, Heliopolis und Memphis finden sich solche Erzählungen. Die Götterlehre von Memphis ist bekannt geworden durch die Inschrift des aus Nubien stammenden Königs Shabaka (712–698 v. u. Z.), mit dem die 25. Dynastie begann. Auf dem 92 mal 137 cm großen Stein sind auf 62 vertikalen und zwei horizontalen Kolumnen Informationen über den Glauben von Memphis eingeritzt. Bevor die Bedeutung dieses Steines erkannt wurde, hatte man ihn als Mühlstein benutzt. Die Shabaka-Inschrift setzt sich von der Schöpfungslehre von Heliopolis ab, in der Gott Atum die Götterneunheit, also die ersten neun Götter der Welt, durch Zeugung und handwerkliches Tun erschafft. Der Gedanke einer Schöpfung durch das Wort des Gottes Ptah, Stadtgott von Memphis, spielt in der gleichnamigen Götterlehre eine wesentliche Rolle. Schöpfung geschieht dadurch, dass der Gott Ptah erst in seinem Herzen bewegt, was er anschließend ausspricht und damit in das Dasein ruft. Benennen und in das Sein rufen, sind beinah identisch. Den Urzustand beschreibt ein altägyptischer Papyrus als eine Situation, „als der Name irgendeines Dinges nicht genannt war".

Die Stadt Memphis wurde am Anfang des Alten Reiches (3260–2134 v. u. Z.) durch König Menes gegründet. Ptah (von pth = bilden, öffnen) war oberster Gott und Schöpfer des Kosmos. Der menschengestaltig dargestellte Gott, der an der Spitze des memphitischen Götterkreises steht, wird als Gott der Künste und der Handwerker, der Schöpfertätigkeiten, verehrt. Das Volk preist ihn als „Bildner der Erde", dessen Schöpferorgane sein Herz und seine Zunge sind. Der „Uralte" wird wie eine Mumie dargestellt, trägt eine Kappe und ist in ein enges futteralartiges (Leichen-?) Gewand eingehüllt. Mit beiden Händen umfasst er das Zepter, das aus den Symbolen „Leben", „Dauer" und „Wohlsein" besteht. Gott Ptah erschuf die Welt und die Götter durch sein „Herz" und seine „Zunge". Nach ägyptischer Vorstellung galt das Herz als Focus des physischen Lebens, des Gemüts, des Willens und der Vernunft. Alle Gefühle, Stimmungen, Charakterzüge und die geistige Haltung werden mit Begriffen ausgedrückt, die als Bestandteil das Herz enthalten. In der Götterlehre von Memphis heißt es: „Das Handeln der Arme, das Gehen der Beine, das Bewegen aller Körperteile, es wird getan gemäß diesem Befehl, der vom Herzen ersonnen ist."[6] Das Herz gilt als das Organ, welches die Erkenntnis entstehen lässt. Und „die Zunge ist es, die verkündet, was das Herz beschlossen hat".

In Memphis war man davon überzeugt, dass Ptah sich selbst erschaffen habe und die Welt und die Götter durch sein Herz und seine Zunge entstehen ließ. In Hermopolis stand der Mondgott Thot an der Spitze der „Achtheit" der Götter, womit ein System von vier männlichen Göttern und ihren weiblichen Komplementen gemeint ist. Die Vierzahl gilt als die heilige Zahl der Ägypter par excellence und steht für Ganzheit. In Memphis greift man diese Götterlehre auf. Jetzt aber gewin-

Gegenüber: Ptah, der Gott der Residenzstadt Memphis, war ursprünglich der göttliche Handwerker. Ptah wird als Mensch mit dem Körper einer Mumie dargestellt. In seinen aus den Mumienbinden heraus ragenden Händen hält er ein herrschaftliches Was-Zepter, das Ankh-Zeichen des Lebens und einen Djed-Pfeiler, der für die Stärke des Getreides bei Erntebeginn steht. Wandmalerei im Grab des Amen-hor-khepeshef, Tal der Königinnen, Grab 85. 20. Pharaonendynastie, um 1190–1160 v. u. Z.

nen die acht Götter ihre Gestalt in Gott Ptah, lassen diesen zum größten und „Väter aller Götter" aufsteigen. An die Spitze der „Achtheit" stellt sich in Memphis Gott Ptah, und in den Texten ist von einer „Neunheit" die Rede, das heißt der Schöpfergott Ptah ist das Oberhaupt einer Familie von acht Gottheiten.

Vor der Entstehung der Welt herrschten chaotische Urgewalten: das Urwasser und der unendliche Raum, die Urfinsternis und das Verborgene oder die Leere. Gott Ptah trug die Gestalt von Nun und Naunet, den Urwassern. In Erscheinung trat er auch als Huh und Hauhet, der unendliche Raum. Desgleichen trug er die Gestalt von Kuk und Kauket, der Urfinsternis, sowie von Amun und Amaunet, dem Verborgenen oder der Leere. Auch als Atum, der höchsten Gottheit von Heliopolis, erschien der Gott Ptah.

Die Götterneunheit entstand durch die Zähne und Lippen in Ptahs Mund, aus dem Schu, der Luftraum, und Tefenet, die Feuchtigkeit, entstanden. Ptah hatte die ganze Welt in seinem Herzen erdacht. Er ersann die Götter, um so die Neunheit zu vollenden. Was Gott Ptah erdacht und ersonnen hatte, befahl seine Zunge. Ptah erdachte auch alle Arbeiten und Handwerke, das Schaffen der Hände, das Gehen der Füße und die Bewegung aller anderen Körperteile. Nachdem Ptah Menschen und alle anderen Lebewesen erschaffen hatte, war er zufrieden. Er ist der Gott im Anfang, der Schöpfer allen Seins und aller göttlichen Worte.

[1] Gerardus van der Leeuw: Phänomenologie der Religion, Tübingen 4. Aufl. (= unver. Nachdruck der durchgesehenen und erweiterten Auflage 1956) 1977, S. 458–461 (mit Auslassungen).

[2] Nacherzählt von Udo Tworuschka auf der Basis von Dietrich Steinwede/Dietmar Först: Die Schöpfungsmythen der Menschheit, Düsseldorf 2004, S. 104f.

[3] Gen 1,1–31. Nacherzählt von Udo Tworuschka.

[4] Copyright 2003 by R. Herbster und A. Klaudius und A. Castro-Lopez: http://www.unifrankfurt.de/~klaudius/Dateien/Popol_Vuh%20K3.html.

[5] Nacherzählt von Udo Tworuschka auf der Basis von Dietrich Steinwede/Dietmar Först, a. a. O., S. 49f.

[6] Zitiert in: Knaurs Lexikon der ägyptischen Kultur, München-Zürich 1978, S. 124.

[7] Nacherzählt von Udo Tworuschka auf der Basis von Susanne Hansen, a. a. O., S. 23f.

Schöpfung durch das Wort

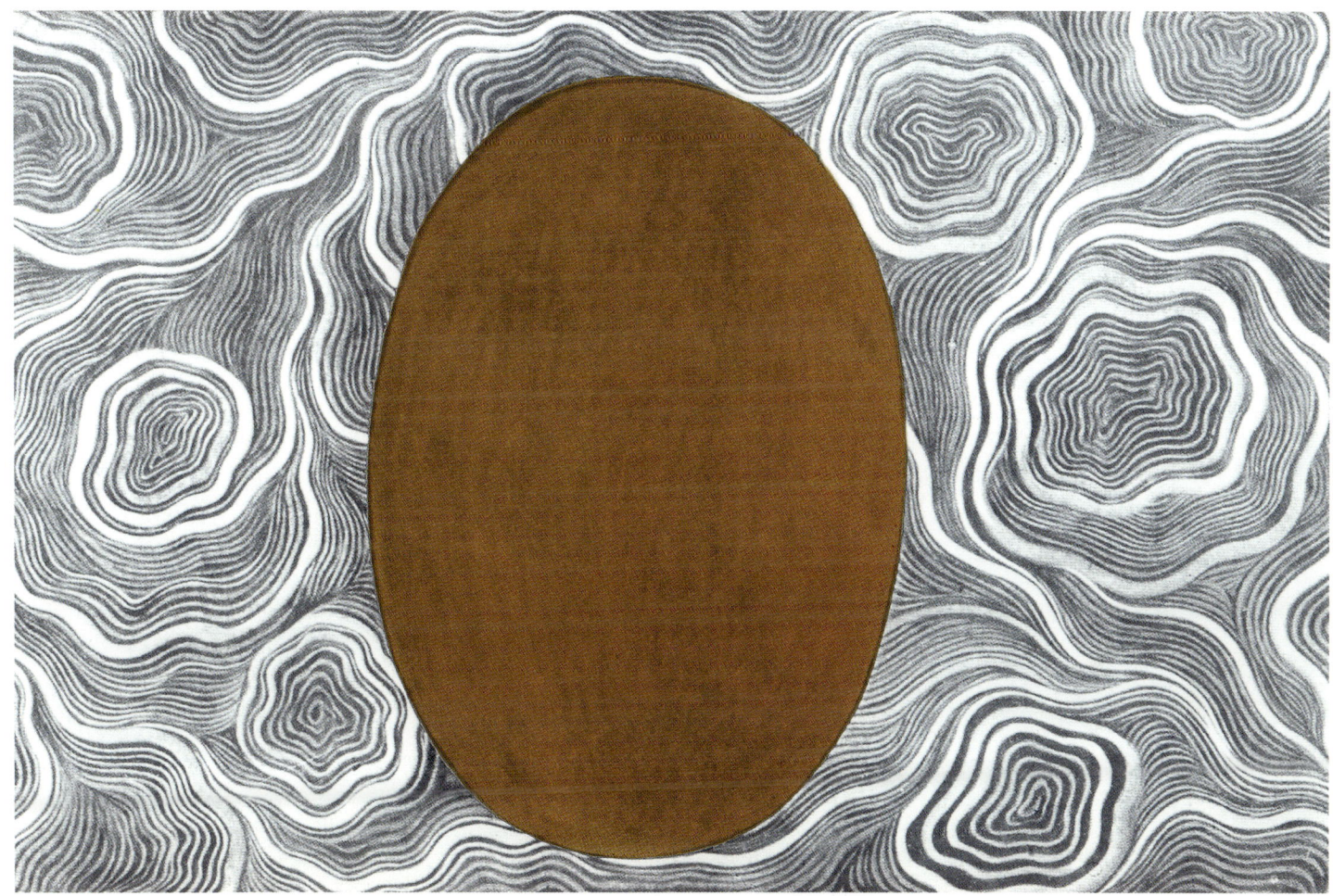

Das goldene Ei des Schöpfergottes Brahma. Tempera, Indien, ca. 1775–1880.

SCHÖPFUNG DURCH TANZ

Oben: Krishna beim Tanz und Spiel mit Hirtinnen. Bemalte Baumwolle, indisch, 19. Jahrhundert.

Gegenüber: Eroten im Gefolge des Dionysos. Nordafrikanisches Mosaik aus spätrömischer Zeit. Musée du Bardo, Tunis.

Weil Tänze in vielen Religionen eine große Rolle spielen, konnte der niederländische Religionsphänomenologe Gerardus van der Leeuw (1890–1950) schreiben: „Der primitive Mensch tanzt und betet zugleich." Tänze drücken Gefühle und Ideen aus, vermitteln Gruppen ein Gemeinschaftsgefühl. Durch Tanzen können gesteigerte Bewusstseinszustände, Trance hervorgerufen werden, die in manchen Menschen für unglaublich gehaltene Leistungen hervorbringen. So werden einige dazu befähigt, über glühende Kohlen zu tanzen. Tänze können große Kräfte freisetzen, wirken schöpferisch. Die rhythmisch geregelten Körperbewegungen zu Musik können Akte der Anbetung sein, Wege, die Ahnen zu ehren oder die Götter gnädig zu stimmen. Oft sind Tänze Bestandteile von Übergangsriten wie Geburt, Initiation, Ausbildungsabschluss, Heirat, politische Nachfolge und Tod.

Verschiedene japanische Neureligionen messen dem Tanz große Bedeutung bei. Zum Beispiel die lebensbejahende, das „fröhliche Leben" (Yokigurashi) propagierende Tenrikyo mit ungefähr zwei Millionen Gläubigen, die 1838 von der ekstatisch veranlagten Miki Nakayama (1798–1887) gestiftet wurde. Sie fühlte sich von einem Gott in Besitz genommen, der fortan noch oft in ihr einwohnte. Sie nannte ihn unter anderem Tenri-O-no Mikoto. Diese Bezeichnung leitet sich von den konfuzianischen Begriffen Ten, „Himmel", und Tenri „himmlische Weisheit", „Gesetzmäßigkeit", ab. Gott wird in der Tenrikyo als Oyagami, „Elterngott", bezeichnet. Er hat männliche und weibliche Züge, stellt eine umfassende Wesenheit dar, ist sowohl pantheistisch als auch theistisch, immanent und transzendent. Miki Nakayama betrachtete sich als irdisches Abbild dieser Elterngottheit. Beim Kult der Tenrikyo werden drei verschiedene rituelle Tänze (Tsutome) aufgeführt. Einer davon ist der die Schöpfung wiederholende Tanz um die Kanrodai-Säule im Mittelpunkt der Stadt Tenri. Die Säule gilt als der Ort, an dem die Menschheit geschaffen wurde. Die

Schöpfung durch Tanz

Tanzfläche unterhalb des Tempels zu Füßen der Säule ist für die Gläubigen unsichtbar. Fünf Masken tragende Frauen und fünf Männer wiederholen durch die Bewegungen ihres Tanzes den Schöpfungsakt. Der Tänzer „identifiziert sich dabei mit dem Kami, der die Natur und die Menschheit ins Leben ruft. Die einzelnen Gesten der Tänzer müssen genau eingehalten werden. Wenn auch nur ein Tänzer einen Fehler macht, geht die erlösende Kraft, die von dem Tanz ausgeht, verloren, und der ganze Tanz bleibt wirkungslos. Die Tänzer müssen aus diesem Grunde außerordentlich hart trainieren, wenn sie für diese ehrenvolle Aufgabe ausgewählt werden wollen."[1]

Shiva tanzt die Schöpfung (Indien)

Wie eng Tanz und Schöpfung aufeinander bezogen sind, zeigt auch der tanzende Hindu-Gott Shiva. Der Indologe Heinrich Zimmer (1890–1943) hat den klassischen Tanz des Nataraja, „Herr des Tanzes", wie Shiva auch genannt wird, beschrieben.

Man bemerkt, wie die obere rechte Hand eine kleine, wie ein Stundenglas geformte Trommel zum Taktschlagen hält. Sie bedeutet zugleich den Ton, das Fahrzeug der Rede, den Vermittler von Offenbarung, Überlieferung, Zauberspruch, Magie und göttlicher Wahrheit. Mehr noch: der Ton wird in Indien dem Äther assoziiert, dem ersten der fünf Elemente. Äther ist die erstanfängliche und auf die zarteste Weise durchdringende Manifestation der göttlichen Substanz. (...) Die Hand gegenüber, die obere Linke, trägt mit einer halbmond-ähnlichen Stellung der Finger auf ihrer Innenfläche eine Flammenzunge. Feuer ist das Element der Weltzerstörung. Am Ende des Kali-Yuga (des jetzigen und letzten Weltzeitalters) wird Feuer den Leib der Schöpfung zerstören (...) Mit dem Gleichgewicht der beiden Hände wird also hier ein Gegenspiel von Schöpfung und Vernichtung innerhalb des kosmischen Tanzes erläutert. (...) Die zweite rechte Hand vollzieht die „Fürchte-Dich-nicht-Gebärde", die Schutz und Frieden gewährt, während die verbleibende linke Hand, über die Brust reichend, niederwärts zu dem aufgehobenen linken Fuß weist. Dieser Fuß bedeutet die Erlösung und ist die Zuflucht und Rettung des Gläubigen. (...) Die (...) hinunterzeigende Hand wird in einer Stellung gehalten, die den ausgestreckten Rüssel oder die Hand eines Elefanten nachahmt. So erinnert sie uns an Ganesha, Shivas Sohn, den Beseitiger der Hindernisse. Die Gottheit wird wiedergegeben, wie sie auf dem hingestreckten Leib eines zwergischen Dämons tanzt. (...) Er ist symbolisch für des Lebens Blindheit und die Unwissenheit des Menschen. (...) Ein Ring von Flammen und Licht geht von dem Gotte aus und umgibt ihn. Er soll die Lebensprozesse des Alls und seiner Geschöpfe bedeuten, den Tanz der Natur, wie sie von dem in ihr tanzenden Gott bewegt wird. (...) Shiva als kosmischer Tänzer ist Verkörperung und Manifestation der ewigen Energie in ihren „fünf Tätigkeiten": 1. Schöpfung (...) 2. Erhaltung (...) 3. Zerstörung (...) 4. Verhüllung, das Verhüllen des wahren Wesens hinter den Masken und Gewändern der Erscheinungen. (...) 5. Gunst, das Aufnehmen des Gläubigen. (...) In den Stellungen seiner Hände und Füße erscheinen sie versinnbildlicht. Die oberen drei Hände sind „Schöpfung", „Erhaltung" und „Zerstörung"; der auf die Vergesslichkeit gesetzte Fuß bedeutet die „Verhüllung"; der aufgehobene die „Gunst", während die „Elefantenhand" die Verbindung der drei mit den zwei andeutet und allen Seelen, welche diesen Zusammenhang realisieren, den Frieden verspricht.[2]

Gegenüber: Tanzender Schiwa Nataraja. Bronze-Skulptur, Indien, 11./12. Jahrhundert. Museum Rietberg, Zürich, Sammlung von der Heydt.

Der Sonnengott sang (Hopi-Indianer, Nordamerika)

Nach der Vorstellung der Hopi-Indianer leben die Menschen heute in der vierten Welt. Drei frühere Welten wurden aufgrund der Unmoral der Menschen und wegen der Zerstörung der Harmonie in der Natur vernichtet. Auch die heutige vierte Welt ist nach Ansicht vieler Hopis vom Untergang bedroht, weil die Menschen ihren Schöpfer vergessen und in Unfrieden miteinander leben.

Der Mythos erzählt von der Erschaffung der ersten Welt. Zwei göttliche Wesen, ein männliches und ein weibliches, sind für die Schöpfung verantwortlich. Darin äußert sich der für viele indianische Mythen typische Gedanke der Ausgewogenheit und Harmonie. Die Schöpfung geschieht vor allem durch das erschaffende Wort: Die kosmische Ordnung und der Mensch entstehen. Nachdem die Ordnung begründet und die Menschen belehrt sind, ziehen sich die Schöpferwesen zurück. Die Spinnenfrau verschwindet in der Erde, in deren Winkeln und Falten sie von nun an lebt. Vorher hat sie jedem Hopi seine Clanzugehörigkeit zugewiesen. Diese bildet bei den Hopis die entscheidende Identifikationsgruppe und wird durch die Mutter vererbt.

Am Anfang gab es nur den Sonnengott Taiowa und die Spinnenfrau, die Göttin der Erde. Taiowa besaß alle Macht oberhalb der Erde, während die Zauberkraft der Spinnenfrau unterhalb der Erde wirkte. Sie lebte in der Unterwelt, der Wohnstatt der Götter. Dort gab es noch kein Lebewesen, solange Taiowa und die Spinnenfrau es nicht wünschten.

Und dann ersannen beide einen großartigen Gedanken, dass sie dort, wo bisher nur endloses Wasser existierte, die Erde entstehen lassen wollten. Sie setzten sich nebeneinander und tanzten zu den Klängen der Musik ihrer eigenen Stimmen. Sie schufen einen ersten zauberhaften Gesang aus wehenden Winden und strömenden Gewässern. Es war ein Lied, das von Licht und Leben sang.

Der Sonnengott sang: „Ich bin Taiowa. Ich verkörpere Licht und Leben und bin der Vater von allem, was geschaffen werden wird."

Und die Spinnenfrau sang melodisch: „Ich bin Kokyanwuhti. Ich empfange das Licht und spende Leben. Ich bin die Mutter von allem, was entstehen wird."

„In meinem Kopf entstehen viele wundersame Vorstellungen", sang Taiowa. „Da gibt es Vögel, die im Oben schweben, Säugetiere, die auf der Erde laufen und Fische, die durch das Wasser gleiten."

Dann formte die Spinnenfrau aus Lehm die Gedanken Taiowas zu Gestalten und sang dazu: „Nun sollen die Dinge, die mein Herr erdacht hat, erscheinen."

Dann sagte Taiowa: „Jedem Ding, das eine Form besitzt, soll ein Geist eingehaucht werden. Deshalb müssen wir eine mächtige Zauberkraft erschaffen."

Sie breiteten über die Gestalten ein weißes wollenes Tuch wie eine Wolke und sprachen einen Zauberspruch. Schon bald rührten sich die Gestalten und begannen zu atmen.

„Nun wollen wir Wesen erschaffen, die mir und dir ähneln, damit sie diese niedrigeren Geschöpfe leiten", erhob Taiowa seine Stimme.

Und die Spinnenfrau setzte den Gedanken ihres Herrn in die Tat um und erschuf einen Mann und eine Frau, die ihnen ähnelten. Doch nach dem Zauber mit dem Tuch regten sich beide noch nicht. Da nahm die Spinnenfrau sie in den Arm und wiegte sie, während Taiowa sie mit leuchtenden Augen anblickte. Gemeinsam sangen sie das Zauberlied des Lebens, bis Mann und Frau atmeten.

„Das war eine großartige Sache", sprach der Sonnengott Taiowa. „Nun, da alles fertig ist, soll nichts Neues mehr erschaffen werden. Alle von uns erschaffenen Wesen sollen sich vermehren. Ich werde jeden Tag meine Reise durch das Obere antreten und ihnen Licht bringen. Jeden Abend werde ich zu Huziwuhti zurückkehren. Damit das Land trocken wird, werde ich meinen Feuerschild auf die endlosen Wasser richten. Dies wird der erste Tag auf der Erde sein.

Die Spinnenfrau erwiderte: „Ich werde alle Geschöpfe auf das Land bringen, das durch deinen Willen oberhalb des Wassers erscheint."

SCHÖPFUNG DURCH TANZ

Unten: Seltene Darstellung der mythischen Spinnenfrau in einem indianischen Schmuckstück (Silberarmreif mit Türkis) aus dem Südwesten von Nordamerika. Der Türkis stellt den Spinnenkörper dar und die Silberform die acht Spinnenbeine. Pawn Jewellery, ca. 1930–1940, Navajo oder Zuni. Privatsammlung.

Folgende Seite: Der trickreiche Coyote, der mit Menschen und Tieren mancherlei Schabernack treibt, aber auch das wunderbare Schöpfungslied auf der Holunderflöte spielt. Die Felsenzeichnung befindet sich im Nine Mile Canyon (Fremont/US-Bundesstaat Utah) und entstand ca. 500–1300 u. Z.

Taiowa nahm seinen blanken Schild und begab sich auf seinen wunderbaren Weg in das Oben. Die Spinnenfrau blickte mit ihren klugen Augen, denen nichts entgeht, über die Geschöpfe und teilte sie in Gruppen. „Das sollt ihr sein und dies sollt ihr bleiben, jeder für immer in seinem Stamm", sagte sie. Die Hopi und alle Menschen wurden dann von der Spinnenfrau mit Namen versehen.³

Schöpfung durch Tanz

Coyotes Lied der Holunderflöte (Indianer, Nordamerika)

Bei den nordamerikanischen Ureinwohnern vom Missouri bis Kalifornien gibt es die Gestalt des Coyoten, der Menschen und Tieren viele Sitten und Fertigkeiten beibringt. Er ist ein trickreiches Tier. Getrieben von Neugier und Sinn für Schabernack, versucht er, andere zu überlisten und trickst dabei oft nur sich selber aus. In den lustigen, aber auch derben Geschichten zeigt er durch sein Verhalten den Menschen, wie sie eigentlich nicht sein sollen. Gleichzeitig ist der Coyote auch fähig, Wunderbares zu schaffen. So ist er mit seinen Kräften auf eine ganz eigene Weise an der Entstehung der Welt beteiligt.

Die alten Geschichten haben zahlreiche heutige indianische Künstler und Schriftsteller zu modernen Coyote-Bildern und -Geschichten inspiriert. Der Irokese Blue Cloud hat dem Coyoten in seinem Gedichtbändchen „Eiderberry Flute Song: Contemporary Coyote Tales" (1982) ein Denkmal gesetzt. Das Titelgedicht betont die schöpferischen Fähigkeiten Coyotes und hebt die besondere Bedeutung der Musik im Leben und in den religiösen Riten der Indianer hervor.

Er saß so da auf einem stein
am rande der welt,
alles war ruhig und das, was da war,
war wunderschön.
Es lag eine harmonie und ganzheit
im träumen,
und frieden war ein wärmender lufthauch
von der sonne her.

Das meer hob und senkte sich
im rhythmus seines geistes,
und sterne blinkten als gedankenpunkte
die zum sinn führten.
Das universum drehte sich in der gewaltigen weite
des raumes wie ein traum,
ein traum, der einst gegeben,
nur als erinnerung
für immer weiter trug.

Er hob die flöte an die lippen,
süß vom frühling,
und behutsam spielte er einen ton,
der viele jahreszeiten lang
über dem, was da war, schwebte.
Und alles war zufrieden / im wissen um musik.

Dieser einzelne ton
wehte hinfort
im geist der schöpfung
und wurde zum winzigen rund.
Und dieses rund rührte sich,
öffnete neu geborene augen
und sah staunenden blickes
auf seine eigene geburt.

Dann folgte ton auf ton
in einer melodie, die
das gefüge ersten lebens wob.
Die sonne gab den wartenden sämlingen wärme,
und so entstand unglaubliche vielfalt
aus dem lied einer flöte.[4]

---

[1] Peter Gerlitz: Gott erwacht in Japan. Neue fernöstliche Religionen und ihre Botschaft vom Glück, Freiburg i.Br. 1977, S. 70.
[2] Heinrich Zimmer: Indische Mythen und Symbole, Neuausgabe Düsseldorf 1972, S. 170.
[3] Nacherzählt von Monika Tworuschka auf der Grundlage von Rudolf Kaiser: Im Einklang mit dem Universum, München 1992, S. 65f.
[4] Aus Dietrich Steinwede/Dietmar Först: Die Schöpfungsmythen der Menschheit, Düsseldorf 2004, S. 132f.

Die Erschaffung des Menschen

Die Erschaffung des Menschen

Engel schauen zu, wie Gott die Körper von Adam und Eva einzeln formt. Eva wird also nicht, wie im Bibeltext, aus der Rippe Adams geschaffen. Horizontalstreifen eines Blattes der Grandval-Bibel, um 840, Tours.

In diesem Abschnitt steht die Erschaffung des Menschen im Mittelpunkt. In vielen Texten gehen jedoch kosmogonische und anthropogonische Motive ineinander über, so dass die Trennung beider Erzählformen manchmal künstlich wirkt. Gleichwohl finden sich über die ganze Welt verstreut Geschichten, die auf die Erschaffung des Menschen fokussiert sind. Manche von Ihnen unterscheiden darüber hinaus noch zwischen der Erschaffung von Mann und Frau. Einige Texte erzählen, „woher die Menschen kamen", und geben dafür verschiedenerlei Erklärungen an, andere beschreiben den Menschen und seine „Aufgaben in der Schöpfung".

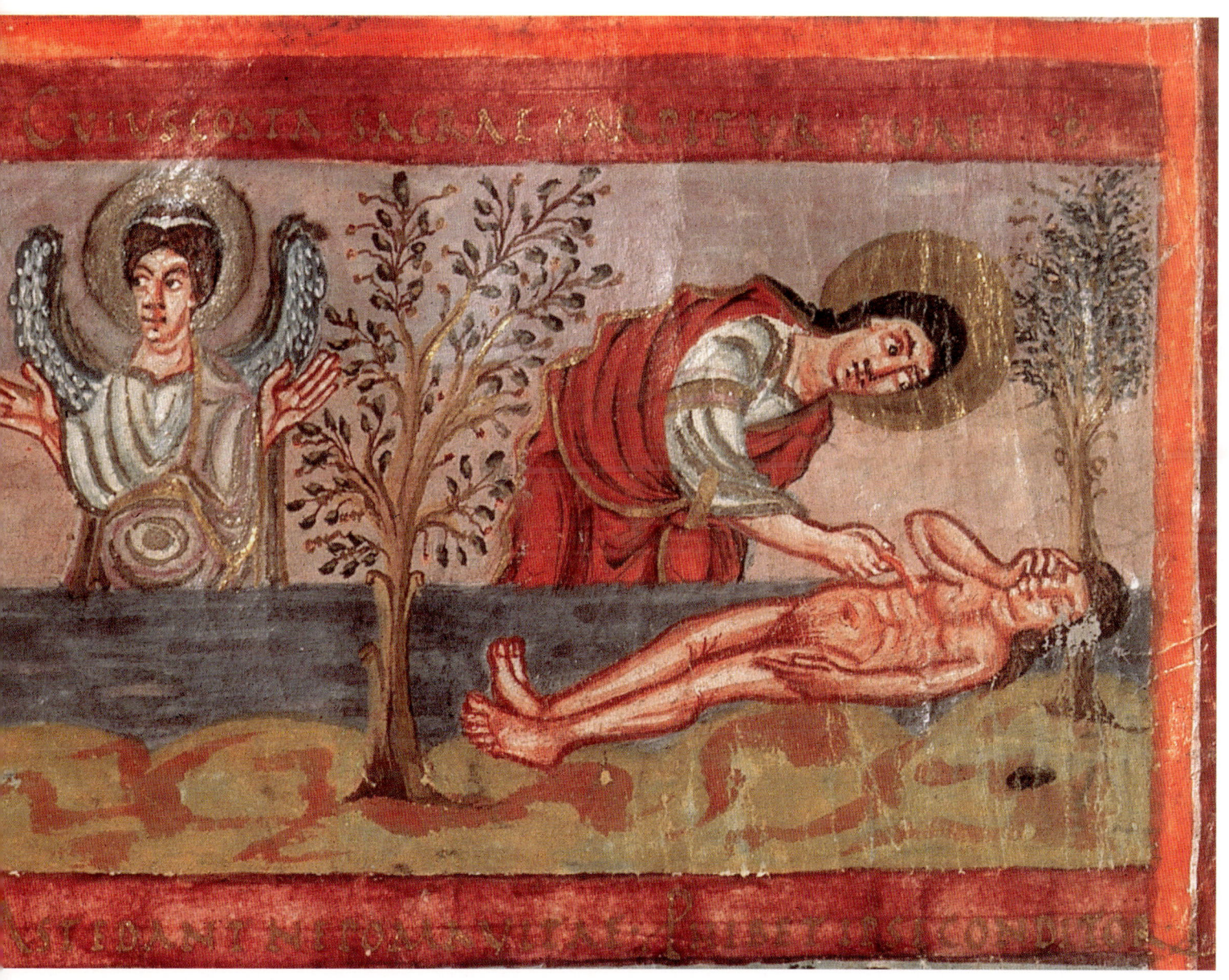

WOHER DIE MENSCHEN KAMEN

WOHER KAMEN DIE MENSCHEN, WELCHE DIE ERDE BEWOHNEN? (Germanien)

Die Prosa-Edda des Snorri Sturluson erzählt, wie die Söhne des Riesen Bör (Odin, Wili und We) einst am Strand zwei Baumstämme fanden und aus diesen das erste Menschenpaar fertigten. Den Mann nannten sie Ask, „Esche", die Frau Embla. Von diesem aus Holz geschnitzten Urelternpaar stammt das ganze spätere Menschengeschlecht ab. In dem germanischen Gedicht Völuspa, „Prophezeiung der Seherin", wird die Offenbarungen über Anfang und Geschicke der Welt bis zum Untergang der alten Welt und dem Aufsteigen einer neuen verkündet. Auch von der Entstehung des Menschengeschlechts weiß die Seherin zu erzählen: Drei starke und gnädige Asen, Angehörige eines der beiden germanischen Göttergeschlechter, fanden Ask und Embla kraftlos auf dem Boden liegend. Sie waren noch schicksal- und seelenlos, hatten weder Bestimmung noch Ziel. Dies alles erhielten sie von den drei Asen: „Seele gab Odin, Sinn gab Hönir, Leben gab Lodur und lichte Farbe."[1]

Da sprach Gangleri: Großes dünken sie mich vollbracht zu haben, da sie Himmel und Erde geschaffen, die Sonne und das Gestirn geordnet und Tag und Nacht geschieden hatten; aber woher kamen die Menschen, welche die Erde bewohnen? Har antwortete: Als Börs Söhne am Seestrand gingen, fanden sie zwei Bäume. Sie nahmen die Bäume und schufen Menschen daraus. Der erste gab Geist und Leben, der andere Verstand und Bewegung, der dritte Antlitz, Sprache, Gehör und Gesicht.

Sie gaben ihnen auch Kleider und Namen: Den Mann nannten sie Ask und die Frau Embla, und von ihnen kommt das Menschengeschlecht, welchem Midgard zur Wohnung verliehen ward. Danach bauten sie sich eine Burg mitten in der Welt und nannten sie Asgard. Da wohnten die Götter und ihr Geschlecht, und manches trug sich da zu, davon erzählt wird auf Erden und in den Lüften.[2]

Die Riesen Odin, Wili und We lassen die Menschen „Ask und Embla" aus zwei Baumstämmen entstehen. Laubcollage von Susanne Tvermoes, 1991. Lunaria Kunstsammlung, Hurup Thy, Dänemark.

Wie die Menschen entstanden (Selk'nam, Südamerika)

Aus dem südlichsten Teil Südamerikas, Feuerland, „Terra del Fuego", stammt die folgende Quelle. In der Religion der Selk'nam-Ethnie gab es ein Höchstes Wesen, Temankel genannt, und seinen Diener oder Gesandten Kenós, Schöpfer aller Dinge. Als Stern stieg Kenós zum Himmel auf. Die Selk'nam erzählen davon, wie Kenós die Welt gestaltete und einrichtete, die Menschen schuf und ihnen moralische Gesetze gab. Die Selk'nam sind eine von vier Ethnien, die bis zum Anfang des 20. Jahrhunderts auf Feuerland siedelten. Sie waren jagende Landnomaden, deren Jagdwaffen zum Teil aus Tierknochen hergestellt wurden. Die aus etwa 50 Personen bestehenden Gemeinschaften der Selk'nam ordneten sich der Autorität eines Schamanen, „Xoon", unter, der für religiöse und medizinische Aufgaben zuständig war.

Durch weiße Siedler wurden die Selk'nam fast vollständig ausgerottet. Man kann von einem regelrechten Genozid durch die weißen Besitzer der großen „Estancias", der prächtigen Landhäuser, sprechen. Sie unterhielten große Schafzuchtbetriebe, die den Selk'nam durch das Aufstellen von Zäumen die Jagdgebiete entzogen. Daraufhin kam es zu blutigen Konflikten, bei denen die Weißen Kopfgelder auf getötete Indianer aussetzten.

Als Kenós über die weite Erde hinweggegangen war, kam er hierher wieder zurück. Dieses Land gab er den Selk'nam. Kenós war damals ganz allein. Niemand sonst war auf der Erde. Er schaute um sich herum: Er ging an eine feuchte (moorige) Stelle. Hier hob er ein háruwenhhos (= Erdklumpen mit Wurzelgeflecht, Rasenbüschel mit der anhaftenden Erde) heraus, dem er das Wasser auspresste. Damit formte er ein še'és (ein männliches Geschlechtsteil). Dieses legte er auf die Erde hin. Dann hob er einen andern Erdklumpen heraus; diesem drückte er das Wasser ebenfalls aus. Damit bildete er ein ásken (ein weibliches Geschlechtsteil). Dieses legte er neben jenes dort. Kenós ließ nun jene beiden liegen. Er selbst ging weg von dieser Stelle dort. Während der Nacht vereinigten sich jene beiden Erdklumpen. Daraus entstand einer, genau wie ein Mensch. Das war der erste Ahne! (...) Jene beiden Erdgebilde trennten sich wieder voneinander und blieben liegen, eines neben dem andern. Jener aber wurde sofort groß (= zu einer voll entwickelten Gestalt). Als die nächste Nacht kam, vereinigten sich jene beiden Erdgebilde abermals. Wieder entstand sofort einer (= eine menschenähnliche Person): Das war der zweite Ahne. Auch dieser wurde schnell groß. Wieder trennten sich diese beiden Erdgebilde und blieben nebeneinander liegen. Auf gleiche Weise ging es so weiter in jeder Nacht, lange Zeit hindurch: In jeder Nacht entstand ein neuer Ahne (...) Schnell bevölkerte sich unsere Gegend. Nach einiger Zeit waren Weiber in guter Zahl vorhanden. Von nun an vereinigten sich Mann und Weib. Die Zahl der Leute nahm hier ständig zu.

Kenós hatte jene beiden Erdgebilde aus feuchter, mooriger Erde gemacht. Diese waren dunkel, wie auch das (Moor-)Wasser, das er ausgepresst hatte. Deshalb sind wir Selk'nam dunkel. Die Koliót sind hell. Später ging Kenós nordwärts in die weite Welt. An irgendeiner Stelle dort formte er ebenfalls zwei Erdklumpen der gleichen Art. Aber hierfür nahm er weiße Erde, die er am Strande fand. Nachts vereinigten sich jene beiden Erdgebilde, es entstand daraus einer (eine Person)! So ging es weiter: In jeder Nacht entstand eine neue Person. Aber diese Leute waren weiß, so wie die Erde am Strande. Deshalb sind Koliót heller als wir. Jetzt gab es Koliót in deren Heimat. Immer zahlreicher wurden die Leute dort im Norden (...) Bei uns gab es damals auch viele Leute. Kenós schaute um sich herum: Er fühlte sich nicht wohl, (denn) er war ganz allein![3]

So gingen die Inkas zur Erde (Südamerika)

Als 1532 eine Handvoll Spanier das Inkareich eroberte, umfasste dieses die Anden Ekuadors, Perus, Boliviens, Nordwestargentiniens und Nordchiles einschließlich der Küstenregion. In der Religion der Inkas spielt die Achtung gegenüber der natürlichen Umwelt eine große Rolle. Verehrt wurden Sonne, Mond, Kosmos, die höchsten Berge, Blitz und Donner. In ihnen sah man Symbole der „anderen Wirklichkeit". An der Spitze des Inka-Pantheons standen Viracocha, zugleich Schöpfergott und Kulturheros, Inti, „Sonne", und Pachamam, „Mutter Erde". Viracocha, Schöpfer des Kosmos und der Inka, wurde mit zahlreichen Namen angerufen, die alle auf seine Stellung als Schöpfer hinweisen: Señor del universo („Herr des Universums"), señor del principio („Herr des Anfangs"), señor de la primera causa („Herr der ersten Ursache"), señor del fundamento (Herr der Grundlage), señor del origins (Herr der Ursprünge). Nachdem Viracocha Sonne und Mond, Himmel und Erde geschaffen hatte, wanderte er auf der Erde entlang und belehrte seine Geschöpfe über die einzelnen Kulturgüter.

Die ersten Menschen wurden vom Gott Viracocha geschaffen. Er gestaltete ihre Körper aus Lehm und malte ihnen Kleider auf. Dann hauchte er ihnen Leben ein und befahl ihnen, auf die Erde zu gehen und sich im Schutz von Höhlen, Bergen und Seen niederzulassen. Die Welt lag noch im Dunkeln. Viracocha befahl der Sonne, dem Mond und den Sternen, aus der Sonneninsel im Titicacasee aufzusteigen und die Erde zu erleuchten. Nach dem ersten Sonnenaufgang rief Viracocha nach den Inkas und machte sie zu Herrschern und Eroberern der Welt.

So gingen die Inkas zur Erde und ließen sich in drei Berghöhlen nieder. Sie waren zu sechst, drei Brüder und drei Schwestern, und sie trugen alle gute, wollene Gewänder. Einer der Brüder war viel stärker als die anderen. Er warf Steine in das Land, um Berge und Täler zu formen. Die anderen waren eifersüchtig auf seine Stärke. Sie überlisteten ihn, zurück in die Höhle zu gehen. Sie erzählten ihm Geschichten vom heiligen Lama und goldenen Kelch, die er dort finden würde. Der Bruder erlag der Versuchung. Kaum aber war er in der Höhle, versiegelten die anderen Brüder und Schwestern die Höhle hinter ihm.

Einige Zeit später gelang es dem Bruder zu entkommen. Er zog von dannen und lebte fortan auf dem Gipfel eines hohen Berges. Er rief seine Brüder und Schwestern und sagte ihnen, dass sie von nun an immer goldene Ohrringe tragen müssten, damit man ihren königlichen Stand erkennen könnte. Dann verwandelte er sich und einen anderen Bruder in Steine. Der dritte und letzte Bruder überlebte. Er gründete die Stadt Cuzco, die glorreiche Metropole des Inkareiches.[4]

Chnum, der Töpfer, schuf die Menschen (Ägypten)

Chnum ist der Urgott von Esna auf der linken Nilseite, ungefähr 55 Kilometer südlich von Luxor. Er gilt als „Vater der Väter und Mutter der Mütter". Sein Name bedeutet Widder, und er wird als Mann mit dem Kopf dieses Tieres dargestellt, dessen Hörner horizontal gedreht sind. Chnum ist ein Schöpfergott und wird gern mit seinen beiden Gemahlinnen, Nebut, die „Herrin des Landes", und Menhit, die „Löwenköpfige", als Dreiheit von Esna dargestellt. Chnum formt die Menschen als Töpfer auf einer Töpferscheibe und lässt sie dann in den Mutterleib gelangen. Auch wenn Chnum zu den Göttern der ältesten Zeit gehört, so ist er doch vor allem aus den Texten von Esna bekannt, die erst in den beiden ersten Jahrhunderten u. Z. entstanden sind.

Chnum schuf die Menschen, weil sein Vater ihm dazu den Auftrag gegeben hatte. Er sorgte dafür, dass die Ufer des Nils in jedem Jahr überflutet wurden und das Wasser die Äcker fruchtbar machte. Sein Vater hatte ihm aufgetragen, die Menschen auf einer Töpferscheibe zu formen. Jeden Tag beugte sich Chnum zum Nil und holte neuen Schlamm von den Ufern des Flusses. Auf seiner Scheibe formte er die Menschen, dann barg er sie im Schoß der Frauen, wo sie heranwuchsen und geboren wurden.

Er formte das Schicksal jedes Menschen und prüfte sorgfältig den Nilschlamm, bis er das Bild des Menschen vollendet hatte. So wie es sein Herz ihm eingab. Manchmal drang er selbst in den Mutterleib ein, um zu sehen, ob sein Geschöpf wohl geborgen sei.[5]

Gegenüber: Der menschengestaltige Viracocha, Schöpfer- und Sonnengott im mittleren Andengebiet, erlangt im Pantheon der Inkas große Bedeutung. Weil er, der seit Anbeginn existiert, darüber betrübt war, dass die Menschen kulturlos wie die Tiere lebten, beauftragte er Manco Cápac sowie seine Schwester und Ehefrau Mama Ocllo, die Gebiete um Cuzco zu zivilisieren. Steinskulptur. Museum für Völkerkunde, Berlin.

Links: Der ägyptische Schöpfergott Chnum, Spender von Nil- und Quellwasser, schuf die Menschen auf der Töpferscheibe. Wandmalerei. Chnum-Tempel auf der Insel Elefantine, Ägypten.

Zeus zerteilt die Kugelmenschen (Griechenland)

In Platons (427–347 v.u.Z.) Werk Symposion, „Das Gastmahl", womit das an eine Festmahlzeit anschließende Trinkgelage gemeint ist, bei dem philosophische Gespräche im Mittelpunkt standen, geht es um das Thema Eros. Zu den bekannten Reden des Symposion gehört die des Aristophanes über die „Kugelmenschen".

Einst gab es drei Geschlechter von Menschen. Das männliche stammte von der Sonne, das weibliche von der Erde, das männlich-weibliche dritte Geschlecht – die Kugelmenschen – dagegen vom Mond ab. Die Kugelmenschen waren mit je vier Händen und Füßen sowie zwei entgegengesetzten Gesichtern auf einem Kopf ausgestattet. Weil sie stark und schnell waren, wurden sie von den Göttern gefürchtet. Göttervater Zeus zerteilte jeden von ihnen in zwei Hälften. Seit dieser Tat bewegen sich die beiden Teile getrennt aufrecht auf zwei Beinen. Gemeinsam blieb ihnen die Sehnsucht, sich mit dem jeweils anderen Teil wieder zu vereinen: „Von dieser Zeit her, Freunde, ist Eros den Menschen eingeboren und da, damit er die Menschen zu ihrer alten Natur zurückbringe und aus zwei Wesen eines bilde und so die verletzte Natur wieder heile." Aus den Doppelwesen desselben Geschlechts entstanden nach Platons Erzählung die homosexuellen Männer und lesbischen Frauen.

Die menschliche Natur war ja einst ganz anders. Ursprünglich gab es drei Geschlechter, drei und nicht wie heute zwei: neben dem männlichen und weiblichen lebte ein drittes Geschlecht, welches an den beiden ersten gleichen Teil hatte; sein Name ist uns geblieben, das Geschlecht selbst ist ausgestorben. Ich sage, dieses mann-weibliche Geschlecht hatte einst die Gestalt und den Namen des männlichen und weiblichen Geschlechtes zu einem einzigen vereinigt, und heute ist uns von ihm nur der Name erhalten, und der Name ist ein Schimpfwort. Weiter, die ganze Gestalt jedes Menschen war damals rund, und der Rücken und die Seiten bildeten eine Kugel. Der Mensch hatte also vier Hände und vier Füße, zwei Gesichter drehten sich am Halse, und zwischen beiden Gesichtern stak ein Kopf, aber der Kopf hatte vier Ohren. Der Mensch besaß die Schamteile doppelt, und denkt den Vergleich für euch selbst aus: auch alles andere war demgemäß doppelt! Der Mensch ging zwar aufrecht wie heute, aber nach vorwärts und nach rückwärts, ganz wie es ihm gefiel. Und wenn er laufen wollte, dann machte er's wie die Gaukler, die kopfüber Räder schlagen: er lief dann mit allen acht Gliedern, und so im Rade auf Händen und Füßen kam er allerdings schneller vorwärts als wir heute. Noch einmal, es gab einst drei Geschlechter, und das männliche hatte seinen Ursprung in der Sonne, das weibliche in der Erde, das dritte, welches den beiden ersten gemeinsam ist, hatte ihn im Mond, denn auch der Mond teilt sich zwischen Sonne und Erde. Und gleich den Gestirnen, denen sie eingeboren sind, waren sie rund, und auch ihre Bahn, wenn ihr wollt, lief im Kreise. Groß und übermenschlich war ihre Stärke, ihr Sinnen war verwegen, ja sie versuchten sich sogar an den Göttern. Was Homer von Ephialtos und Otos erzählt, sagt man auch von diesen Menschen: sie wagten den Weg zum Himmel hinauf und wollten sich an den Göttern vergreifen.

Und Zeus und alle Götter erwogen, was sie dagegen tun sollten, und waren recht in Verlegenheit, denn sie konnten weder alle Menschen töten und wie einst die Giganten mit dem Blitze das ganze Geschlecht niederschlagen – da wäre es auch mit allem Götterdienst und allen Altären vorbei – noch deren Übermut hingehen lassen. Da fiel es aber Zeus ein, und er rief: Ich habe das Mittel! Ich habe das Mittel gefunden, die Menschen leben zu lassen und doch ihrem Übermut für immer ein Ende zu machen: ich werde jeden Menschen in zwei Teile schneiden. Sie werden uns dadurch nicht nur zahmer, sondern auch von größerem Nutzen sein, denn ihre Zahl wird gerade noch einmal so groß. Die Menschen werden von nun an auf zwei Beinen und nur aufrecht gehen. Sollte ihnen aber noch Übermut übrig geblieben sein, und sollten sie noch immer keine Ruhe geben, so schneide ich jeden noch einmal entzwei: sie mögen dann auf einem Beine gehen und hüpfen. Und wie Zeus sprach, so handelte er auch: er nahm die Menschen her und schnitt jeden in zwei Teile, wie man Birnen, um sie einzukochen, entzwei schneidet. Und sooft er einen entzwei hatte, ließ er ihm durch Apollon das Gesicht und den halben Hals nach der Schnittfläche zu umdrehen, damit der Mensch von nun an, indem sein Blick auf sie gerichtet ist, züchtiger sei. Auch alles andere, was durch den Schnitt wund ward, ließ Zeus durch Apollon heilen. Apollon zog also die Haut nach dem sogenannten Magen hin zusammen und band sie in der Mitte des Magens wie einen Schnürbeutel ab, und ließ eine Öffnung, und diese Öffnung ist unser Nabel. Apollon glättete dann die vielen Falten, die dadurch entstanden waren, und bildete die Brust, indem er sich dazu eines Werkzeuges bediente, wie es die Schuster heute beim Glätten des Leders haben. Nur um den Nabel und über dem Magen ließ er einige Falten übrig; auch darüber sollte der Mensch seines alten Leidens nicht vergessen. Als nun auf diese Weise die ganze Natur entzwei war, kam in jeden Menschen die große Sehnsucht nach seiner eigenen anderen Hälfte, und die beiden Hälften schlugen die Arme umeinander und verflochten ihre Leiber und wollten wieder zusammenwachsen und starben vor Hunger und wild und wirr, denn keine wollte ohne die andere etwas tun. Wenn aber nur eine Hälfte starb und die andere am Leben blieb, da suchte diese nach der toten und umarmte den Leichnam, ob sie nun auf die Hälfte eines ganzen Weibes – ich meine, was wir heute Weib nennen – oder auf die Hälfte eines ganzen Mannes stieß. Und so ging alles zugrunde. Doch da hatte Zeus Erbarmen mit dem Menschengeschlechte und schuf ein neues Mittel: Er setzte die Schamteile nach auswärts. Bisher hatten die Menschen sie rückwärts besessen und wie die Cikaden in die Erde gezeugt und aus der Erde geboren. Und indem Zeus die Schamteile also versetzte, ließ er die Menschen ineinander zeugen und aus sich selbst gebären, damit von jetzt an, wenn der Mann dem Weibe beischläft, das Geschlecht sich fortpflanze, und wenn der Mann den Mann umarmt, ihre Begierde gestillt werde und ihr Sinnen sich beruhige und sie an die Arbeit gehen und so auch für das Allgemeine sorgen. Von dieser Zeit her, Freunde, ist Eros den Menschen eingeboren und da, damit er die Menschen zu ihrer alten Natur zurückbringe und aus zwei Wesen eines bilde und so die verletzte Natur wieder heile. Wenn der Gastfreund von uns scheidet, so teilen wir mit ihm einen Würfel, und jeder behält die Hälfte, und später erkennen wir uns an den Hälften. Und jeder Mensch, möchte ich sagen, ist ein also geteilter Würfel und sucht im Leben die andere Hälfte des Würfels. Wie die Butten sind wir entzwei geschnitten, aus einer Butte sind zwei geworden. Alle Männer zunächst, welche aus jenem Ganzen geschnitten sind, das früher das Mannweib hieß, lieben heute das Weib – die Ehebrecher also sind aus diesem Geschlechte, damit ihr es wisst – und aus demselben Ganzen sind natürlich auch die Weiber geschnitten, die da den Mann lieben und ihrerseits die Ehe brechen. Die Weiber dann, die aus dem alten Geschlechte des ganzen Weibes geschnitten sind, haben wenig Sinn für den Mann und fühlen sich mehr zum eigenen Geschlechte hingezogen: die lesbischen Frauen stammen aus diesem Geschlecht. Und endlich die Männer, die aus dem alten männlichen Geschlechte geschnitten sind, gehen dem Manne nach. Schon als Knaben lieben sie die Männer und sind froh, wenn sie Männer umarmen und mit Männern liegen. Gerade die mutigsten finden wir unter ihnen, da sie ja doch schon von Natur aus sozusagen die männlichsten sind. Wer sie schamlos nennt, der lügt. Denn nicht aus Schamlosigkeit handeln sie so; nein, ihr Mut, ihre Mannhaftigkeit, ihre Männlichkeit liebt eben ihresgleichen. Und das beweist es: nur sie dienen, reif und zu Männern geworden, dem Staate. Als Männer lieben sie wieder Knaben und Jünglinge und kümmern sich wenig darum, ein Weib zu nehmen und Kinder mit ihm zu zeugen; es genügt ihnen durchaus, unverheiratet nur miteinander zu leben. So also sind die Freunde und Geliebten entstanden, auch sie lieben eben nur ihr eigenes altes Geschlecht. Wenn nun einer von diesen oder jenen anderen seiner eigenen Hälfte zum erstenmal begegnet, da werden er und der andere wundersam von Freundschaft, Heimlichkeit und Liebe bewegt, und beide wollen nicht mehr voneinander lassen. Aber sie, die von nun an ihr ganzes Leben beieinander weilen, sie wissen dennoch niemals und niemand zu sagen, was sie wollten, dass mit ihnen geschähe. Die sinnliche Begierde könnte doch kaum den einen an den andern mit so großer Leidenschaft *binden. Ihre Seele will doch wohl etwas anderes: sie kann es nicht sagen und ahnt es nur und stammelt. Und wenn zu zweien, die beieinander liegen, Hephaistos träte mit seinen Werkzeugen und sie fragte: Was wollt ihr, Menschen, was soll aus euch hier werden? Sie würden nur verlegen und keine Antwort haben, und wenn der Gott fortführe: Wollt ihr ein Wesen sein und Tag und Nacht voneinander nicht lassen können? Wenn das euer Wunsch ist, so will ich euch zusammenschweißen, und ihr werdet ineinander wachsen, aus zwei Dingen eins werden und euer ganzes Leben als ein einziges Wesen leben und nach dem Tode in den Hades treten wie zwei, die zusammen gestorben sind? Sagt, ob das eure Sehnsucht ist und dieses Glück sie stillt? O, niemand möchte da widersprechen und etwas anderes wollen; gleich Kindern würden alle zu hören glauben, was seit je ihr Sehnen war: mit dem Geliebten verwachsen und ein Wesen mit ihm bilden. Denn so war einst unsere alte Natur: wir waren einst ganz, und jene Begierde nach dem Ganzen ist Eros. Wir waren einst ein Wesen, und weil wir gefrevelt haben, sind wir vom Gotte gespalten worden, wie die Arkadier heute von den Lakedaimoniern. Und die Gefahr besteht fort, dass wir noch einmal gespalten werden, wenn wir nicht fromm gegen die Götter sind, und dass wir dann herumgehen wie die Reliefs auf den Grabsteinen mit zersägten Nasen. Damit wir nun diesem Schicksal entgehen und jenes andere Ziel erreichen, muss jeder Mensch den anderen heißen, die Götter ehren, und Eros ist uns zu jenem Ziele Führer. Ihm soll niemand zuwiderhandeln, und wer der Götter spottet, der handelt ihm zuwider. Nur als des Gottes Freunde und mit ihm versöhnt, werden wir, was heute nur wenigen gelingt, unsere echten Geliebten finden. Eryximachos soll sich hier über mich nicht lustig machen und meinen, ich denke jetzt an Pausanias und Agathon. Ja, vielleicht stammen diese beiden wirklich aus dem alten männlichen Geschlecht. Ich meine aber alle Männer und Weiber und behaupte, das Menschengeschlecht könne nur heil sein, wenn wir uns in der Liebe vollenden und jeder seinen eingeborenen Geliebten findet und so zur alten Natur zurückkehrt. Und wenn das unser Ziel ist, so muss, wie wir nun einmal sind, gut sein, was diesem zunächst kommt: unter allen den Geliebten finden, der uns versteht. Und wenn wir den Gott, dem wir das verdanken, preisen sollen, so müssen wir Eros preisen, denn wie kein anderer hilft er uns hier zu uns selbst und gibt uns die sicherste Hoffnung, wenn wir den Göttern unseren frommen Sinn bewahren, uns zu unserer alten Natur zurückzubringen und uns heil und selig zu machen.*[6]

Gegenüber: Das hellenistische Mosaik aus einer Villa in Pompeji an der Bucht von Neapel stellt die Akademie (Philosophenschule) Platons dar, die dieser 387 v. u. Z. beim Hain des Heros Akademos vor den Toren Athens gründete. Museo Nazionale, Neapel.

129
Woher die Menschen kamen

Erschaffung nicht menschlicher Objekte

Nicht nur das Weltall samt Erde und Himmel, und nicht nur die Menschen sind von Göttern geschaffen. Alles was in der Natur existiert, seien es Säugetiere, Fische und Vögel, sind Werke männlicher und weiblicher Schöpfergottheiten.

1 Erschaffung der Pflanzen und Bäume. Bibel des Abtes Matteo di Planisio. Ms. lat. 3550, folio 5 v. Biblioteca Apostolica Vaticana, Vatikan.
2 Erschaffung der Tiere. Bibel des Abtes Matteo di Planislo. Ms. lat. 3550, folio 5 v. Biblioteca Apostolica Vaticana, Vatikan.
3 Erschaffung der Fische und Wasserjungfrauen, Gewölbedekoration, Gjerrild-Kirche, Jütland, um 1500. Nationalmuseum, Kopenhagen.
4 Neptun erschafft das Pferd, Gemälde, 67 x 130 cm, von Jacob Jordaens (1593–1678). Galleria Palatina, Palazzo Pitti, Florenz.
5 Der Ursprung der Milchstraße, Ölgemälde, um 1575, von Jacopo Tintoretto (1518–1594). National Gallery, London.

Der Mensch und seine Aufgaben in der Schöpfung

DA MACHTE JAHWE DEN MENSCHEN AUS ERDE (Judentum)

Die zweite Schöpfungserzählung in der Hebräischen Bibel dürfte aus der Mitte des 10. Jahrhunderts stammen. Auch wenn die Erschaffung des Menschen einen sehr großen Raum in der Erzählung einnimmt, so reicht ihre Perspektive erheblich weiter. Wir erhalten Einblicke in einen nach Osten ausgerichteten Garten in Eden, in den Jahwe den vorher geformten Menschen setzt. Für manche Bibelwissenschaftler ist die zweite Schöpfungserzählung eher eine Paradiesgeschichte.

Der Begriff Eden stammt von einem gleichlautenden sumerischen Wort ab und bedeutet „fruchtbare Ebene". Ein ähnlich klingendes hebräisches Wort bedeutet „Freude", so dass der Garten Eden als ein „Freuden- oder Lustgarten" verstanden wurde. Im Griechischen steht dafür der Begriff Paradies. Anders als in der ersten Schöpfungserzählung im 1. Buch Mose, auch Genesis genannt, ist der Ursprung von Jahwes Schöpfung keine Urflut, sondern eine Wüste. Jahwe bewässert sie, lässt aus der Brache fruchtbares Land entstehen. Aus dem Staub des Ackerbodens (Adama) schafft Jahwe, der als Töpfer dargestellt wird, den Menschen (Adam). Indem er ihm Lebensatem in seine Nase bläst, macht er den Menschen zu einem lebendigen Wesen, das den Ackerboden bestellen wird. Der schöpferische Vorgang des Bewässerns besteht darin, dass Jahwe Feuchtigkeit aus der Erde aufsteigen lässt und die ganze Oberfläche des Ackerbodens befeuchtet. Naheliegend ist hier der Gedanke, dass der/die Verfasser der zweiten Schöpfungserzählung an das Graben von Brunnenschächten im Zusammenhang der Urbarmachung der Wüstenlandschaft denken. Als Schöpfungserzählung gelesen ist die jahwistische Geschichte unvollständig: So bleiben die Fische ebenso außerhalb des Blickfeldes wie die Gestirne. Damit der Mensch nicht allein sei und ein Gegenüber habe, „formt" Jahwe vom Ackerboden alle Lebewesen des Feldes und alle Vögel des Himmels. Der Mensch soll ihnen einen Namen geben, also Macht über sie gewinnen. Ein richtiges Gegenüber, eine geeignete Hilfe, findet Adam erst in der Frau, die Gott aus einer der Rippen des schlafenden Adam nimmt und zu einer Frau „baut". Adam ruft daraufhin aus: „Dieses Mal ist es Gebein von meinem Gebein, Fleisch von meinem Fleisch." Die Zusammengehörigkeit von Mann und Frau kommt im Gleichklang der Namen Isch und Ischa, wie sie genannt werden, zum Ausdruck. Von allem, was Gott erschaffen hat, gilt: „Es war sehr gut." Gottes Segen ruhte von Anfang auf Mensch und Natur: Adam und Tiere gehen aus Adama oder Erde hervor (Gen 2,7; 3,19 und Gen 2,19). Alles wurde dem Menschen übergeben, um es zu bewahren: der Garten Eden (Gen 2,15), die Erde (Ps 115,16) und schließlich das Land Kanaan (Dtn 26,3; vgl. Lev 25,23).

Es war zu der Zeit, als Jahwe Erde und Himmel schuf. Alle Sträucher auf dem Felde waren noch nicht auf dem Felde, und die Pflanzen auf den Fluren waren noch nicht gewachsen, weil Jahwe noch nicht hatte regnen lassen auf Erden, und keine Menschen waren da, die das Land bebauten. Ein Nebel stieg von der Erde auf und machte alles Land feucht. Da formte Jahwe den Menschen aus dem Staub des Ackers und blies ihm den Lebensodem in seine Nase. Auf diese Weise wurde der Mensch ein lebendiges Wesen.

Jahwe pflanzte einen Garten in Eden gegen Osten hin und versetzte dorthin den Menschen, den er gebildet hatte. Jahwe ließ aus der Erde allerlei Bäume aufwachsen, verlockend anzusehen und gut zu essen und den Baum des Lebens mitten im Garten und den Baum der Erkenntnis des Guten und Bösen. Es entsprang in Eden ein Strom, um den Garten zu bewässern, und teilte sich von dort aus in vier Hauptarme. Der erste heißt Pischon, der fließt um das ganze Land Hawila, und dort findet man Gold; und das Gold des Landes ist kostbar. Auch findet man da Bedolachharz und den Edelstein Schoham. Der zweite Strom heißt Gihon, der fließt um das ganze Land Kusch. Der dritte Strom heißt Tigris, der fließt östlich von Assyrien. Der vierte Strom ist der Euphrat.

134
DER MENSCH UND SEINE AUFGABEN IN DER SCHÖPFUNG

Seite 133: Vier Ströme gehen nach biblischem Zeugnis aus vom Garten Eden. Ms. Gr. 22210. Bibliothèque nationale, Paris.

Und Jahwe nahm den Menschen und setzte ihn in den Garten Eden, damit er ihn bestelle und behüte. Jahwe gebot dem Menschen und sprach: Du darfst essen von allen Bäumen im Garten, aber von dem Baum der Erkenntnis des Guten und Bösen darfst du nicht essen; denn an dem Tage, sobald du von ihm isst, musst du des Todes sterben.

Jahwe sprach: Es ist nicht gut für den Menschen, dass er allein ist; ich will ihm eine Gehilfin schaffen, die zu ihm passt. Jahwe machte aus Erde alle die Tiere auf dem Felde und alle die Vögel unter dem Himmel und brachte sie zu dem Menschen, dass er sähe, wie er sie nennte; denn wie der Mensch jedes Tier nennen würde, so sollte es heißen. Und der Mensch gab einem jeden Vieh und Vogel unter dem Himmel und Tier auf dem Felde seinen Namen; aber für den Menschen fand Jahwe keine Gefährtin, die zu ihm passte. Da ließ Jahwe einen tiefen Schlaf auf den Menschen fallen, so dass er einschlief. Er nahm eine seiner Rippen und verschloss die Stelle mit Fleisch. Jahwe baute ein Weib aus der Rippe, die er von dem Menschen nahm, und brachte sie zu ihm. Da sprach der Mensch: Das ist doch Gebein von meinem Gebein und Fleisch von meinem Fleisch; man wird sie Ischa nennen, weil sie vom Isch genommen ist. Darum verlässt ein Mann seinen Vater und seine Mutter und hängt seiner Frau an, und sie werden ein Fleisch sein. Und sie waren beide nackt, der Mann und seine Frau, doch sie schämten sich nicht.[7]

Elohim erschafft Adam, Gemälde, 1795. Für den visionären englischen Romantiker William Blake (1757–1827), zugleich Dichter und Maler, war der Gott des Alten Testaments ein falscher Gott. Blake verbindet das Thema der Schöpfung des Menschen mit dessen Fall. Im Augenblick der Schöpfung wird der aus dem spirituellen Reich herausgerissene Mensch zur Materie. Tate Gallery, London.

136
DER MENSCH UND SEINE AUFGABEN IN DER SCHÖPFUNG

Adam ruht und stützt den Unterarm auf das Knie. Im selben Moment schwebt der von Engeln gestützte, in einen Umhang gehüllte Gott vorbei und belebt ihn. Die Berührung der Finger Gottes und Adams ist der kompositorische Brennpunkt. Deckenfresko von Michelangelo (1475–1564), enstanden 1510. Sixtinische Kapelle, Vatikan.

Gegenüber: Adam und Eva im Garten Eden. Manafi al-Hayawan, M. 500, folio 4v, 13. Jahrhundert. Pierpont Morgan Library, New York.

Der Mensch als Stellvertreter Gottes (Islam)

Nach islamischem Glauben nimmt innerhalb der Schöpfung der von Gott gut geschaffene Mensch den höchsten Rang ein. Gott setzte Adam als Khalifa, „Stellvertreter, Nachfolger", auf Erden ein, lehrte ihn die Namen aller Dinge. Der Mensch ist aber nicht nur Khalifa, sondern auch Abd, „Diener", Gottes. Dies bringt zum Beispiel der häufige islamische Vorname Abd-allah, „Diener Gottes", zum Ausdruck. Muslime empfinden die Dienerrolle nicht als erniedrigend, weil sie sich von Gottes Barmherzigkeit „umsorgt" (A. Falaturi) wissen und ihre Handlung eine freiwillige Tat ist. Zwar kennt der Islam eine Ursünde, nämlich die Tat des Urelternpaares; eine „Erbsünde" im christlichen Sinne dagegen lehnt er ab. Im Christentum wird die Stellung des Menschen vor Gott auf der Basis von Schöpfung – Sündenfall – Erlösung reflektiert. Islamisches Glaubensdenken spannt hingegen einen Bogen, der mit Schöpfung – Bewährung – Vertrauen in die göttliche Barmherzigkeit angesichts des Jüngsten Gerichtes umschrieben werden kann.

In islamischen Schöpfungstexten wird nicht nur das Thema der wunderbaren Schöpfung, die für den Menschen voller Wunder und Zeichen ist, entfaltet. Gott ist außerdem derjenige, der seine Welt erhält und sie und den Menschen in jedem Augenblick neu schafft. Adam, der Mensch schlechthin, wird auf Befehl Gottes aus Staub, Erde beziehungsweise geronnenem Blut in schöner, vom Schöpfer so gewollter Gestalt ins Leben gerufen: „Ja, wir schufen den Menschen aus einer Art von Ton. Dann machten wir ihn zu einem Samentropfen an einem geschützten Ort. Dann schufen wir aus dem Tropfen einen Blutklumpen und schufen den Blutklumpen zu einem Fleischstückchen und schufen in dem Fleischstückchen Knochen. Dann versahen wir die Knochen mit Fleisch. Dann ließen wir den Menschen entstehen als eine andere Schöpfung. Daher sei Gott gesegnet; denn Gott ist der beste Schöpfer. Dann werdet ihr später gewiss sterben, und dann werdet ihr am Tag der Auferstehung auferweckt werden."[8] Gott haucht dem Menschen seinen Geist ein. Der Mensch – zwischen Mann und Frau besteht hier kein Unterschied – wird im Islam als ein gutes Geschöpf Gottes gesehen.

Damals, als dein Herr zu den Engeln sagte: Ich werde einen Statthalter auf Erden einsetzen, sagten sie: Willst Du etwa jemanden einsetzen, der Unrecht begeht und Blut vergießt, während wir Engel Dich doch loben und preisen! Da sagte er: Ich weiß Dinge, die ihr nicht wisst. Er lehrte Adam alle Namen. Dann zeigte er sie den Engeln und sprach: Wenn ihr aufrichtig seid, so nennt mir die Namen dieser Dinge! Sie sagten: Lob sei Dir. Wir besitzen kein Wissen außer von dem, was Du uns vorher beigebracht hast. Du bist der Wissende und Weise. Da sprach er: Adam, nenne du ihnen die Namen der Dinge. Als er sie ihnen mitgeteilt hatte, sprach Gott: Sagte ich euch nicht, dass ich die Geheimnisse von Himmel und Erde kenne? Ich weiß über alles Bescheid, was ihr offen ausspracht, und über das, was ihr verheimlicht. Daraufhin sagte er zu den Engeln: Werft euch vor Adam nieder! Und sie taten es alle außer Iblis, dem Satan. Er weigerte sich aus Hochmut und weil er zu den Ungläubigen gehörte. Wir sagten auch: Adam! Bewohne mit deiner Gattin den Paradiesgarten und esst beide ohne Ausnahme von den Früchten, wo immer ihr wollt. Nähert euch jedoch nicht diesem Baum; sonst gehört ihr zu den Frevlern. Der Satan verführte sie jedoch dazu, Unrecht zu begehen, und vertrieb sie von dem Ort, an dem sie weilten. Wir sprachen: Geht fort von hier. Einer sei des anderen Feind. Auf Erden werdet ihr einen Aufenthaltsort und Nießbrauch für eine gewisse Zeit erhalten. Daraufhin nahm Adam von seinem Herrn Worte entgegen, und Gott wandte sich ihm wieder zu; denn er ist barmherzig und bereit zu vergeben. Wir sagten: Geht alle hinab auf die Erde. Später wird von mir zu euch eine rechte Leitung gelangen. Wer dieser folgt, braucht keine Furcht vor der Entscheidung des Jüngsten Tages zu hegen. Diejenigen aber, die ungläubig sind und unsere Zeichen verleugnen, werden dem Höllenfeuer anheim fallen und ewig darin weilen.[9]

Die Spinnenfrau singt das Schöpfungslied (Hopi-Indianer, Nordamerika)

Bei den Hopis erschafft die Spinnenfrau den Menschen nach dem Bilde Sotuknangs, des Herrn des Weltalls und Neffens von Taiowa, dem „Sonnengott". Die Menschen erhalten die Farben gelb, rot, weiß und schwarz. Drei verschiedenfarbige Lichter symbolisieren dabei das Mysterium der Schöpfung, den Atem des Lebens und die Wärme der Liebe. Weithin erklingt ein großes Schöpfungslied. Nun erhalten die Menschen – viele sind es inzwischen – als letzte Gabe die unterschiedlichen Sprachen. Diese sollen sie nicht nutzen, um Zwietracht zu säen. Ihre Aufgabe ist vielmehr, harmonisch und friedlich miteinander zu leben und den Schöpfer Taiowa zu ehren.

Die Spinnenfrau sammelte wieder Erde – diesmal von verschiedener Farbe – gelb, rot, weiß und schwarz. Sie vermischte die Häufchen Erde mit ihrem Speichel und knetete sie zu Formen, die sie mit ihrem Gewand aus weißem Stoff bedeckte. Dann sang sie wiederum das Schöpfungslied, und als sie ihr Gewand zurückschlug, waren Menschen aus der Erde geworden, männlichen Geschlechts, nach Sotuknangs Ebenbild.

Nachdem dies getan war, schuf die Spinnenfrau vier andere Geschöpfe, ihrem eigenen Geschlecht gleich, die sie den ersten vier als Gefährtinnen zugesellte.

Bald darauf erwachten ihre Geschöpfe zum Leben. Dies geschah zur Zeit des purpurroten Lichts Qoyangnuptu, der ersten Phase der Morgendämmerung der Schöpfung, in der also das Mysterium der Menschenschöpfung begann.

Allmählich begannen sich die Wesen zu regen. Ihre Stirnen waren noch feucht, und auf dem Kopf hatten sie eine weiche Stelle. Dies geschah zur Zeit des gelben Lichts Síkangunqua, in der zweiten Phase der Morgendämmerung der Schöpfung, als der Atem des Lebens in die Menschen einging.

Kurz danach erschien die Sonne am Horizont, trocknete ihre feuchten Stirnen und ließ die weichen Stellen auf ihren Köpfen hart werden. Dies geschah zur Zeit des roten Lichts Tálawva, in der dritten Phase der Morgendämmerung der Schöpfung, als der Mensch in vollendeter Gestalt stolz und voller Kraft seinem Schöpfer gegenüberstand.

„Das ist die Sonne", sagte die Spinnenfrau. „Ihr begegnet eurem Vater, dem Schöpfer, zum ersten Mal. Gedenkt immer der drei Phasen eurer Schöpfung, nämlich der Zeit der drei Lichter. Das purpurrote, das gelbe und das rote Licht offenbaren das Mysterium der Schöpfung, den Atem des Lebens und die Wärme der Liebe. In diesen drei Phasen zeigt sich der Plan des Lebens eures Schöpfers Taiowa, wie er gesungen wurde über euch als Lied der Schöpfung."[10]

---

[1] Der Seherin Gesicht, Vers 12. Zitiert in: Die Edda, übertragen von Felix Genzmer, Jena 1933, S. 34.

[2] Hansen, a. a. O., S. 369f.

[3] Hansen, a. a. O., S. 358f.

[4] Nacherzählt von Monika Tworuschka auf der Basis der Geschichte „The Churning of the Sea of Milk". In: Anita Ganeri: Out of the Ark, Hemel Hempstead 1994, S. 11ff.

[5] Hansen, a. a. O., S. 25f.

[6] Platons Gastmahl, verdeutscht von Rudolf Kassner, Jena 1922, S. 22ff. u. 27ff.

[7] Genesis 2,4b–25.

[8] Koran Sure 23,12–16.

[9] Koran Sure 2,34–39:

[10] Steinwede/Först, a. a. O., S. 129.

Gegenüber: „Die Spinnenfrau" ist Teil der 1999 geschaffenen künstlerischen Serie „Masken der Göttin" von Lauren Raine (geb. 1949). Die Spinnenfrau ist eine wichtige Figur in der Mythologie der Völker des nordamerikanischen Südwestens. Nach der Vorstellung der Hopis sind zwei göttliche Wesen, ein männliches und ein weibliches, für die Schöpfung verantwortlich. Die Spinnenfrau lässt ihre Schöpfungsmacht vor allem unterhalb der Erde wirken.

LEBENSBÄUME/WELTENBÄUME

Der Baum veranschaulicht das Geheimnis von Wachstum und Vergehen, von Leben und Sterben. Der Baum kann Weltenbaum, Lebensbaum und Erscheinungsort des Göttlichen sein. Berühmte Weltenbäume sind die nordische Weltenesche Yggdrasil und der indische Ashvatta-Baum. Nach ägyptischer Vorstellung steht im Osten des Himmels ein Feigenbaum, auf dem die Götter weilen. Der Paradiesbaum der Hebräischen Bibel ist der Baum der Erkenntnis und des Lebens. Auf spätmittelalterlichen Darstellungen hängt Christus an einem Kreuz: ein grüner Lebensbaum. Im Buddhismus wird noch heute in Bodhgaya ein aus den Wurzeln des Feigenbaums stammender Baum verehrt, unter dem Buddha die Erleuchtung zuteil wurde. Der berühmte Kaiser Ashoka ließ einen Ableger nach Ceylon bringen.

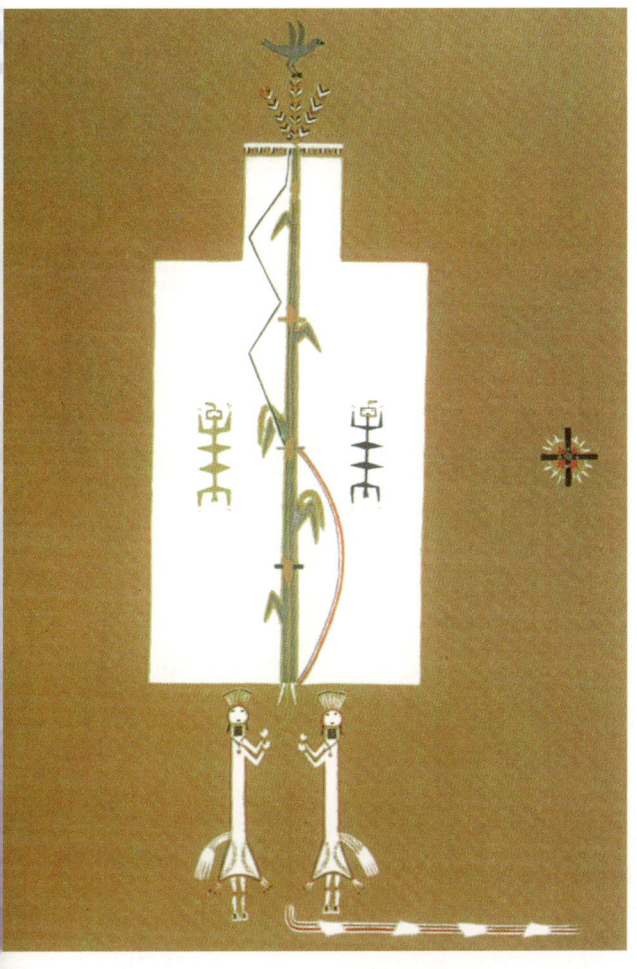

1 Der ägyptische Lebensbaum, durch den die Toten ewiges Leben erhalten, ist der Feigenbaum. Die Göttin des Baumes schenkt das wertvolle Lebenswasser aus. Wandmalerei, 16.–14. Jahrhundert v. u. Z., Grab von Panetsy, Theben.

2 Maya, die Mutter Buddhas, in der Haltung einer Fruchtbarkeitsgöttin, auf einer geöffneten Lotosblüte, den Zweig des heiligen Salbaums in den Händen. Nepal, 18. Jahrhundert. Museé Guimet, Paris.

3 Das aus Neumexiko stammende Sandbild stellt den Lebensbaum der Navajos dar. An einer riesigen Kornpflanze rankt der „gesegnete Weg", der „Weg des Korns" zwischen weiblichen Wächtergeistern nach oben. An den Seiten sieht man das maskuline Zeichen des Blitzes und das weibliche Zeichen für den Regenbogen. Oben auf dem Baum thront der „Vogel des Glücks" als Symbol der absoluten Freiheit und Transzendenz.

4 Während seiner Eroberungen trifft Alexander der Große auf einen sprechenden Baum. Dieser tadelt ihn wegen seines übergroßen Ehrgeizes und prophezeit ihm, dass er weit von seinem Heimatland entfernt sterben wird. Shahname, Persien, MS. Ouseley add. 176, fol. 311 v, 15. Jahrhundert. Bodleian Library, Oxford.

5 Der Kreuzesbaum. Das Monogramm Christi (Chi-rho) steht für die Axen des Kosmos und ist Symbol für die Auferstehung. Mittelteil des Triptychons von Habaville, byzantinisch, 10./11. Jahrhundert, Elfenbein. Musée du Louvre, Paris.

6 Schamanentrommel aus Lappland. Das Zentrum der Welt mit der Axis Mundi in Form eines Kreuzes, das die drei Welten vereint. Nationalmuseum, Kopenhagen.

WELT-WERDUNGS-MYTHEN

Im Unterschied zu den Schöpfungsmythen handeln Weltwerdungsmythen nicht von personalen Gottheiten, welche die Welt erschaffen, sondern stellen die Weltentstehung als einen von selbst ablaufenden Prozess dar, als „eine Art organisches Sich-Entfalten der Vielheitswelt aus der Ureinheit des Seins."[1] Der Religionswissenschaftler Gustav Mensching (1901–1978) war der Auffassung, dass der Typus der „Weltemanation" in den mystischen Universalreligionen vorkomme. Die folgenden Texte aus dem Tao-Te-King, „Das Buch von Tao und Te", enthalten kosmogonische Gedanken, stellen aber keinen zusammenhängenden Weltwerdungsmythos dar.

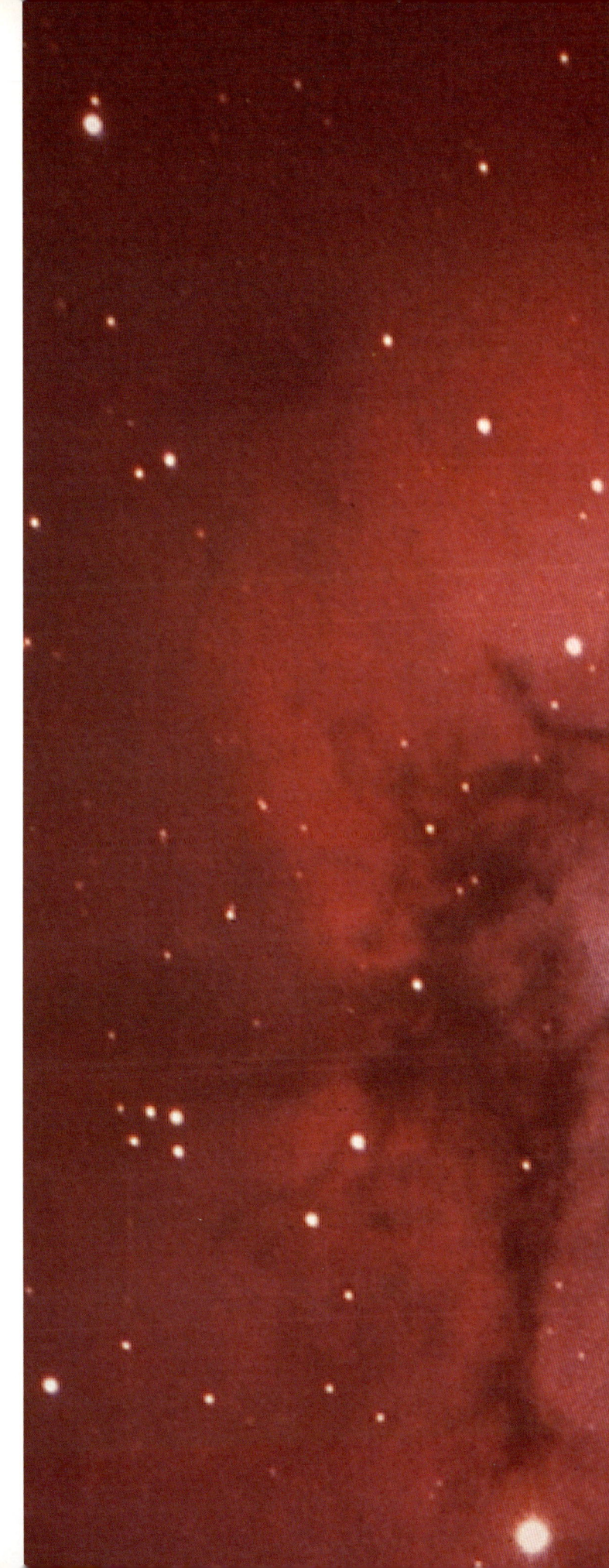

Sterne waren für den antiken Menschen göttliche Wesen. In der mexikanischen Religion galt der Morgenstern als Vermittler zwischen Himmel und Mensch. Bis in die Gegenwart verehren ihn die Cora-Indianer als „Gesamtheit der Götter im Himmel". In der sumerisch-babylonischen Keilschrift ist das Zeichen für Stern das Ideogramm für Gott. Im Islam dienen Sterne als Zeichen für die Menschen. Auch sie werfen sich vor ihrem Herrn nieder. Bis in die Gegenwart glauben viele, dass die Gestirne Einfluss auf das Schicksal des Menschen haben.

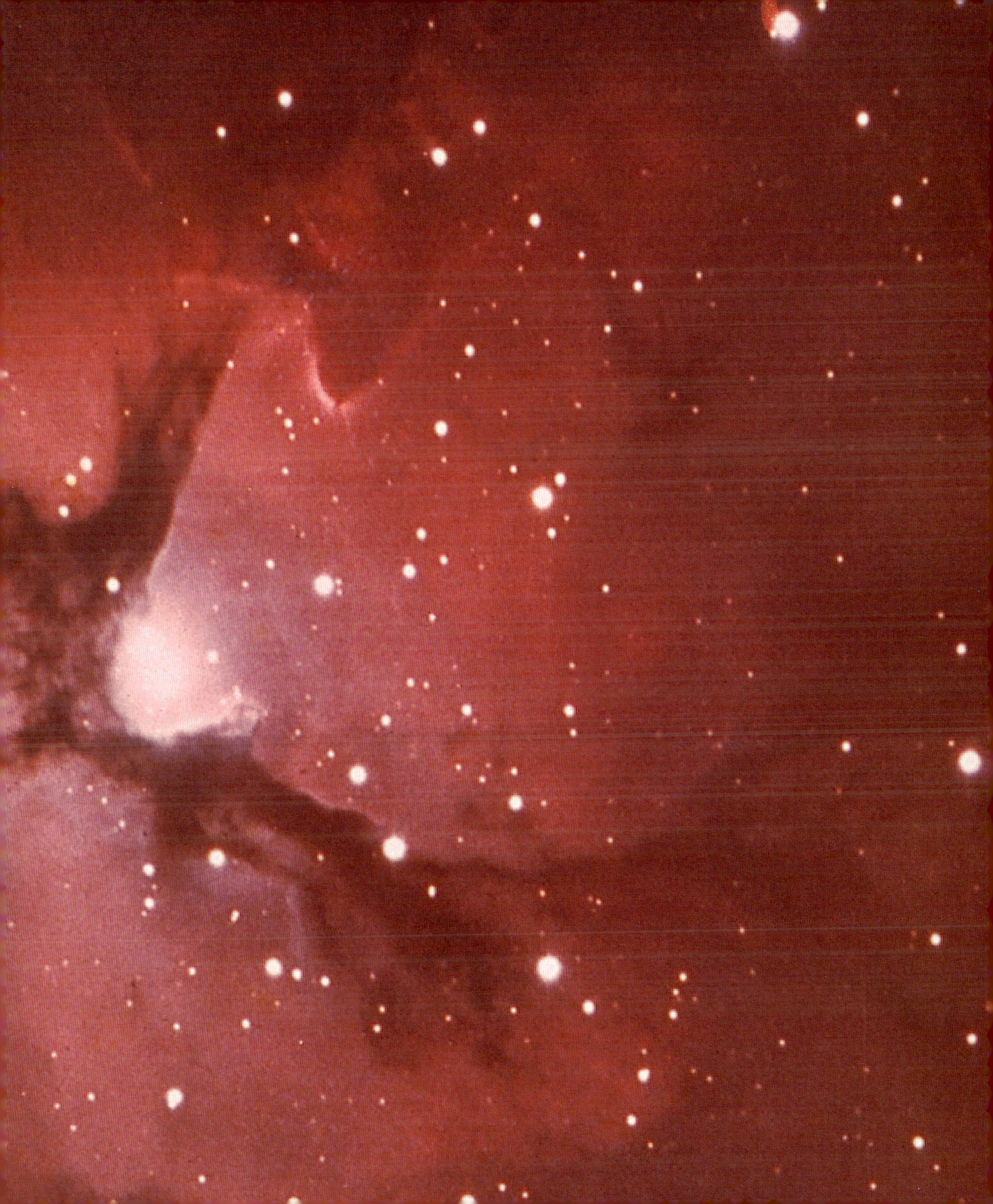

Tao – Grund von Himmel und Erde (China)

Laotse, der „alte Meister", gilt als Stifter des Taoismus. Das ihm zugeschriebene Tao-Te-King stammt jedoch nicht von ihm selbst und dürfte zwischen dem 5. und 3. Jahrhundert v. u. Z. entstanden sein. Die Schrift vertritt eine mystische Lehre und legt dem Menschen nahe, sich von der „Welt" abzuwenden. Die angemessene Haltung des Weisen ihr gegenüber soll durch Wu-we, „Nicht-Tun", geprägt sein. Darunter ist kein Nichtstun zu verstehen, sondern ein nicht berechnendes Handeln, ein Tun, das versucht, sich der Natur harmonisch einzufügen. Kernbegriff der folgenden Texte ist das Tao, der „Weg", ein Urwort der chinesischen Religionsgeschichte. In den ältesten chinesischen Texten bedeutet Tao meist Weg, Straße, Pfad oder Reise. Auch wird es übertragen im ethischen Sinne verwendet und bezeichnet den „Weg der Pflicht und der Vollkommenheit". Tao ist der Mittelpunkt des ethischen Denkens bei Konfuzius (551–479 v. u. Z.).

Im Zentrum des Tao-Te-King steht der Begriff Tao. Er bezeichnet nicht mehr den ethischen Weg, den Lebenswandel, sondern ist Symbol des einen allumfassend-göttlichen Prinzips, durch das Himmel und Erde und alles Existierende hervorgebracht wurden. Tao ist leer, gestaltlos, unhörbar, unbegreiflich, unpersönlich. „Tao, kann es ausgesprochen werden, ist nicht das ewige Tao. Der Name, kann er genannt werden, ist nicht der ewige Name."[2] Tao hat auch weibliche Züge: „Des Alls Urmutter könnte man es nennen./Ich kenne seinen Namen nicht. Ich nenne es Tao."[3] Als das Ewige ist Tao unwandelbar. In einem Bild des amerikanisch-englischen Schriftstellers T. S. Eliot (1888–1965) ausgedrückt, ist Tao vergleichbar mit „the still point of the turning world", dem Achsenpunkt eines Rades, das an der Rotation teilhat und doch stillsteht. Das Ziel der Weltwerdung besteht in der Rückkehr zu ihrem Ursprung. Sie ist beendet, wenn alle Wesen sich wieder in ihrem Urzustand befinden. Die Vielheitswelt ist in zwei komplementär aufeinander bezogene Bereiche aufgeteilt. Das altchinesische Symbol des T'ai-chi Tú, „Diagramm der höchsten Realität", zeigt dies in einem Kreis mit zwei aneinandergeschmiegten schwarzen und weißen Elementen. Diese symbolisieren die beiden Urkräfte alles Seins. Yang repräsentiert das männliche Prinzip, steht für: hell, stark, schöpferisch, fest, oben (Himmel), Bewegung, klar und rational. Yin ist das weibliche Prinzip: dunkel, schwach, ruhig-kontemplativ, nachgiebig, unten (Erde), Ruhe, kompliziert-intuitiv. Männlich und weiblich, Tag und Nacht sind nach chinesischem Verständnis keine absoluten Gegensätze, sondern sie enthalten beide den Kern des jeweils anderen in sich. Daher befindet sich auf der schwarzen Fläche des T'ai-chi-Tú-Symbols ein kleiner weißer Kern, auf der weißen dagegen ein schwarzer Punkt. Der Physiker Fritjof Capra hat auf Entsprechungen zwischen dem altchinesischen Symbol und Erkenntnissen der modernen Physik hingewiesen.

Es gibt etwas, das war chaotisch und vollendet zugleich, bevor Himmel und Erde entstanden. Still war es und ohne Gestalt. Es steht allein und ändert sich nicht. Es geht im Kreis und ist nie in Gefahr. Man kann es als Mutter aller Welt bezeichnen. Seinen Namen kenne ich nicht. Geschrieben heißt es Tao. Muss ich ihm doch einen Namen geben, so nenne ich es Groß. Groß, das heißt bewegt. Bewegt, das heißt fern. Fern, das heißt zurückkehrend. Denn das Tao ist groß, der Himmel ist groß, die Erde ist groß. Des Menschen Gesetz ist die Erde, das Gesetz der Erde ist der Himmel, des Himmels Gesetz ist das Tao. Und das Gesetz des Tao ist sein Selbst.[4]

Das Tao erzeugt die Eins, die Eins erzeugt die Zwei, die Zwei erzeugt die Drei, die Drei erzeugt alle Wesen. Alle Wesen haben im Rücken das Dunkle, Yin, und streben nach dem Licht, Yang. Der unendliche Atem der Leere erwirkt ihre Harmonie. Was die Menschen hassen, ist Verlassenheit, Einsamkeit, Unwürdigkeit. Und doch wählen die Fürsten und Könige das zu ihrer Bezeichnung. Daher heißt es: Die Dinge werden durch Verringerung vermehrt oder durch Vermehrung verrin-

Die Verbindung von Feuer (Yang) und Wolke (Yin) steht nach taoistischer Auffassung für die Entfaltung von Lebensenergien. Wettermanual, 19. Jahrhundert. University Library, Durham.

gert. *Was die Menschen lehren, lehre ich auch: Der Gewalttätige und Trotzige wird nicht seinen natürlichen Tod erlangen. Das will ich zum Grund meiner Lehre machen.*[5]

Zu aller Anfang war das Nichts, und in dem Nichts war das Tao, aus dem das All entstand. Als das All entstanden war, hatte es keine Gestalt. Das, wodurch die Wesen entstehen können, nennt man die Kraft. Im gestaltlosen All entstand sie in Yin und Yang. Dies nennt man Leben. Yang und Yin verharren in Bewegung und erzeugen dadurch alle Wesen.[6]

Das Tao erzeugt alle Wesen, und es ernährt sie. Es erzeugt sie, aber es besitzt sie nicht. Es macht sie und verzichtet doch auf sie. Es ist ihnen überlegen, und es beherrscht sie doch nicht. Das ist seine tiefe Kraft.[7]

Der Inhalt des Lebens folgt dem Tao. Das Wesen des Tao ist unfasslich und unbegreiflich. Dunkel und unfassbar sind in ihm alle Bilder. Dunkel und unfassbar sind in ihm alle Dinge. Der Kern des Seins ist unergründlich und finster. Dieser Kern des Seins ist die Wahrheit. Vom Anbeginn der Dinge verging sein Name nicht.[8]

Das große Tao durchdringt alles. Es kann zur Rechten sein und auch zur Linken. Alle Wesen können nur durch seine Unterstützung entstehen. Und das Tao verweigert sich ihnen nicht. Ist das Werk vollendet, so nennt es das nicht sein. Mit Liebe ernährt es alle Wesen und macht sich doch nicht zu ihrem Herrn. Es ist ewig, aber ohne Begehren, so kann man es in den kleinsten Dingen rühmen. Alle Wesen kehren zu ihm zurück, und doch macht es sich nicht zu ihrem Herrn; so kann man es groß nennen. Darum hat auch der Berufene sich niemals selbst als groß bezeichnet und konnte gerade deshalb seine Größe erreichen.[9]

Rückkehr ist die Bewegung des Tao, Schwachheit ist die Wirkung des Tao. Alle Wesen unter dem Himmel entstehen aus dem Sein. Das Sein entsteht im Nichtsein.[10]

Das Tao erzeugt alle Wesen. Seine Kraft ernährt sie, sein Wesen gestaltet sie, und sein Wirken vollendet sie. Deshalb existiert kein Wesen, das nicht das Tao verehrte und seine Kraft schätzte. Dieses Verehren geschieht auf niemandes Befehl, son-

dern geschieht ewiglich von selbst. Denn das Tao erzeugt sie und nährt sie, lässt sie wachsen und gedeihen, gibt ihnen Bestand und pflegt und behütet sie. Es bringt die Wesen hervor, aber es besitzt sie nicht. Es hat sie geschaffen, aber es pocht nicht darauf, es lässt sie wachsen, aber es beherrscht sie nicht. Das nennt man die geheime Urkraft.[11]

Alles unter dem Himmel hat einen Anfang. Das ist die Mutter der Welt. Wer seine Mutter gefunden und so seine Kindschaft erkannt hat, wer die Kindschaft erkennt und sich dadurch der Mutter erhält, wird sein Leben lang nicht in Gefahr kommen. Wer seine Pforten schließt und seine Tore, der bleibt sein Leben ohne Geschäftigkeit. Wer aber seine Pforten öffnet, fördert seine Handlungen, so kann er sein ganzes Leben hindurch gerettet werden. Wer das Kleine erkennt, sieht klarer, wer die Weisheit bewahrt, wird täglich stärker. Wenn man sein Licht benützt, um zu der Klarheit zurückzukehren, so wird man keinen Schaden nehmen. Und das heißt: die Hülle der Ewigkeit anlegen.[12]

Gegenüber: Abbildung taoistischer Himmelsvorstellungen mit Gottheiten und Heiligen. Sie haben für den Menschen Vorbildcharakter. Rollbild eines unbekannten chinesischen Meisters, 17./18. Jahrhundert.

[1] Gustav Mensching: Die Religion, a. a. O., S. 178.
[2] Tao-te-king, Kapitel 1, in der Übersetzung von Gellért Béky: Die Welt des Tao, Freiburg-München 1972, S. 67.
[3] Tao-te-king, Kapitel 25, zitiert in Knut Walf: TAO für den Westen, München 1989, S. 27.
[4] Tao-te-king, Kapitel 34, zitiert in: Hansen, a. a. O., S. 238.
[5] Tao-te-king, Kapitel 51, in: Ebd., S. 239.
[6] Tao-te-king, Kapitel 21, in: Ebd., S. 237.
[7] Tschuang-tze 12, in: Ebd., S. 237.
[8] Tao-te-king, Kapitel 25, in: Ebd., S. 237f.
[9] Tao-te-king, Kapitel 39, in: Ebd., S. 238.
[10] Tao-te-king, Kapitel 42, in: Ebd., S. 239.
[11] Tao-te-king, Kapitel 52, in: Ebd., S. 239f.
[12] Tao-te-king, Kapitel 73, in: Ebd., S. 240.

Neuschöpfung nach der Flut

Aus Erfahrung wissen wir: Wasser ist lebenserhaltend, kann aber auch lebensbedrohend sein. Ohne Wasser kann kein Lebewesen überleben. Vor allem in der Wüste ist dieses lebenserhaltende Gut oft knapp. Menschen haben um Wasserstellen und Brunnen mit Trinkwasser gestritten. Das Wasser war ursprünglich eine heilige Substanz. Später wurde es als Sitz von Geistwesen und Göttern gedacht. Der griechische Philosoph Thales von Milet (um 625 bis um 547 v. u. Z.) betrachtete Wasser als den Ursprung aller Dinge. Wegen seiner Formlosigkeit wurde es dem Chaos und der Urmaterie gleichgestellt (vgl. S. 36ff.).

Menschen vieler Religionen haben sich Geschichten von einer großen Flut erzählt. Sie bedrohte die Menschheit und vernichtete sie. Es gibt über 60 Varianten dieses „Menschheitsmythos" (Gustav Mensching). Diese „Sintfluten" brachten nicht nur den Untergang, sondern führten zu neuem Leben, zu einer neuen Schöpfung. Naturwissenschaftler vermuten, dass tatsächliche Flutkatastrophen als Folgeerscheinungen der Eiszeit Grundlagen der zahlreichen Flutgeschichten sind. In ihnen geht es um eine Urerfahrung des Menschen: die fürchterliche Gefährdung durch Naturkatastrophen, die oft als sündhafter Abfall von einer Gottheit gedeutet wurden.

Neuschöpfung nach der Flut

Unten: Bis in die Gegenwart ist der Mensch trotz des großen technischen Fortschritts angesichts von gewaltigen Flutwellen und anderen Naturkatastrophen machtlos.

Folgende Doppelseite: Nach dem Ende der Sintflut baute Noah einen Altar, opferte und erreichte, dass Gott sich entschloss, er werde „hinfort nicht mehr schlagen, was da lebt. Solange die Erde steht, soll nicht aufhören Saat und Ernte, Frost und Hitze, Sommer und Winter, Tag und Nacht" (Gen 8,21–22). Fresko von Michelangelo Buonarroti (1475–1564), entstanden 1508–1509. Sixtinische Kapelle, Vatikan.

Ziusudra und die grosse Flut (Babylonien)

Die folgende Flutgeschichte stammt aus dem alten Babylon und ist älter als die biblische Erzählung. Sie handelt von dem rechtschaffenen König Ziusudra, „Leben ferner Tage", auch Utnapischtim genannt. Die Götter strafen und vernichten die Menschheit durch eine große Flut und lassen nur einen Gottesfürchtigen überleben, der nach der sumerisch-babylonischen Tradition als letzter König vor der großen Flut gilt.

Es geschah vor langer Zeit im Land Babylon, das zwischen den gewaltigen Flüssen Euphrat und Tigris lag. Da verehrten die Menschen viele Götter. Eines Tages versammelten sich die Götter am Flussufer, um über das Geschick der Menschheit zu befinden; die Menschen waren böse und faul geworden, kriegerisch und gierig nach Geld und Reichtum. Zwar kannten sie die Ratschläge und Gebote der Götter. Doch sie hatten beschlossen, sie nicht zu beachten. Deshalb mussten sie bestraft werden. „Was sollen wir mit diesen Menschen tun?", fragte der große Gott Anu. „Es macht mich traurig, sie so zu sehen!" „Traurig?", brüllte Enlil, der Gott der Stürme und Sturmfluten. „Mich macht es wütend nach allem, was wir für sie getan haben. Ich bin dafür, dass wir eine große Flut schicken und die ganze Erde und alles, was auf ihr lebt, ertränken. Wir wollen das Pack ein für alle Mal loswerden!"

Die anderen Götter nickten zustimmend. Ea jedoch, der Gott der Weisheit, hatte Mitleid mit den Menschen auf der Erde, und er beschloss, ihnen zu helfen. Aber zuerst musste er die anderen Götter überzeugen, einen Mann mit Namen Ziusudra zu verschonen. Von diesem wusste er nämlich, dass er gut und freundlich war und die Gesetze beachtete.

„Ich gebe euch mein Wort", bat Ea. „Dieser Mann Ziusudra ist ein guter Mann. Sicher können wir wenigstens ihn und seine Familie verschonen?" „O nein", entgegnete Enlil. „Nein, nein! Sie müssen alle sterben. Wir können jetzt keine Ausnahme machen. Und wage es nicht, die Menschen zu warnen! Wir müssen unsere Pläne geheim halten."

Ea wurde traurig. Was sollte er tun? Er wollte nicht, dass ein guter Mensch wie Ziusudra starb. Aber er konnte sich auch nicht dem Befehl der anderen Götter widersetzen. Nachdem er viele Tage nachgedacht hatte, fasste er einen Plan.

In jener Nacht ging er zu dem Haus, in dem Ziusudra lebte. Da er wusste, dass er Ziusudra nicht direkt warnen durfte, flüsterte er seine Warnung in die Wände des Hauses in der Hoffnung, dass Ziusudra sie mithören würde.

„Starke Wände", begann Ea mit leiser Stimme, „hört zu, was ich zu sagen habe. Die Götter sind des sündhaften Treibens der Menschen überdrüssig und haben geschworen, sie zu bestrafen. Sie werden eine gewaltige Flut schicken, die das Land bedeckt und alles Leben auf der Erde ertränkt. Niemand wird den Fluten entkommen, wenn Ziusudra nicht tut, was ich ihm sage. Im Haus hörte Ziusudra genau zu. „Ziusudra muss sein Haus niederreißen und aus seinen Holzstämmen ein großes Boot bauen. Mitnehmen muss er seine Frau und Familie, seine treuen Diener und ein Paar von jeder Tierart und Vogelart, die auf der Erde leben." Ea machte eine Pause, dann fuhr er fort: „Beachtet diese Worte unbedingt. Wenn Ziusudra nicht tut, was ich sage, geht die Erde unter."

Ziusudra machte sich an die Arbeit und baute ein großes Boot, so wie Ea es ihm befohlen hatte. Seine Frau, seine Familie, seine treuen Diener halfen ihm und arbeiteten Tag und Nacht. Das Boot war so riesig wie ein Palast mit sechs Stockwerken und hundert Zimmern. Als es fertig war, nahm Ziusudra zwei Stück von jeder Tierart und jeder Vogelart, die auf der Erde lebten: Adler, Ameisen, Elefanten, Antilopen, Schlangen, Tiger und Schmetterlinge. Sie kamen, groß und klein, immer zu zweit, bis das Boot voll war. Und als das letzte Paar im Inneren des Bootes verschwunden war, begann es zu regnen, wie Ea gesagt hatte.

Der Regen war mit keinem anderen Regen zuvor zu vergleichen. Der Himmel war schwarz von Regenwolken, sogar am Tag. Donner grollte, und Blitze zuckten über den Himmel. Die Menschen verbargen sich angsterfüllt in ihren Häusern – jedoch vergeblich. Flüsse traten über die Ufer, und es regnete weiter, bis das ganze Land und alles Leben überflutet war. Sechs Tage und Nächte wütete der Sturm, als ob er nie aufhören wollte. Selbst

Neuschöpfung nach der Flut

Der assyrische Sturmgott Zu, der die Schicksalstafeln gestohlen hatte, erscheint vor seinem Richter Ea, Wasser- und Weisheitsgott sowie Stadtgott von Eridu. Dieser ist charakterisiert durch den Wasserstrom, 2340–2180 v. u. Z. British Museum, London.

die Götter fürchteten sich. Die einzigen Überlebenden der ganzen Erde waren die Menschen und Tiere auf Ziusudras Boot.

Am siebten Tag ließ der Sturm nach. Der Wind hörte auf zu wehen, und die See wurde wieder ruhig. Ziusudra blickte auf die Zerstörung um ihn herum, und die Tränen traten in seine Augen. Aber er vergaß nicht, zu Ea zu beten: „Ea, großer Gott! Danke, dass du meine Familie und mich verschont hast. Dir ist es zu verdanken, dass immer noch Tiere die Erde bevölkern und Vögel auf ihr herumfliegen werden."

Inzwischen war Ziusudras Boot auf dem Gipfel eines hohen Berges gelandet, dem einzigen Festland, das aus dem Wasser ragte. Dann ließ Ziusudra einen schwarzen Raben fliegen.

„Flieg, schöner Rabe, flieg, soweit du kannst", sagte Ziusudra. „Finde trockenes Land, wo wir unser Leben verbringen und eine neue Welt aufbauen können." Der Rabe flog davon und kam nicht zurück.

Ziusudra wusste, dass der Rabe trockenes Land gefunden hatte und fuhr ihm mit dem Boot hinterher. Er fand den Raben in einem reich bewachsenen, grünen Tal mit Bäumen und einem schäumenden Fluss. Ziusudra öffnete die Tore des Bootes, und die Tiere und Vögel gingen zu zweit hinaus. Zuletzt kam Ziusudra mit seiner Frau, seiner Familie und seinen treuen Dienern. Ihre Herzen waren von Freude erfüllt. Und sie alle lebten glücklich in dem Tal bis an das Ende ihrer Tage.[1]

Die Arche Noachs (Judentum)

Große Teile der Welt waren einst mit riesigen Eisschichten bedeckt. Das mehrmalige Abschmelzen der Eismassen muss ungeheure Flutkatastrophen ausgelöst haben, nicht nur eine einzige, wie die Bibel erzählt. Für die von solchen Überschwemmungen betroffenen Menschen sah es so aus, als ginge die Welt unter. In der Noach-Geschichte wird die Katastrophe als Strafe Gottes gedeutet, vor der allein ein gottgefälliges Leben schützt. Obwohl die Noach-Geschichte kein historischer Bericht ist, haben immer wieder Forscher den Berg Ararat aufgesucht, auf dem nach Gen 8,4 die Arche gelandet sein soll. Und immer wieder machen Gerüchte die Runde, wonach Überreste eines Schiffswracks gefunden wurden.

Die Menschen verbreiteten sich über die ganze Erde. Aber sie kümmerten sich nicht um das Gute. Fast alles, was sie dachten und taten, war böse. Darüber war Gott traurig. Er sprach: „Es reut mich, dass ich die Menschen geschaffen habe. Ich will sie von der Erde vertilgen."

Nur ein Mensch lebte noch nach Gottes Willen. Er hieß Noach. Auch seine Frau und seine drei Söhne Sem, Ham und Jafet waren gute Menschen. Gott sprach zu Noach: „Mit der Menschheit geht es zu Ende. Bald wird die große Flut über sie hereinbrechen. Aber du, deine Frau, deine drei Söhne und ihre Frauen und Kinder sollen gerettet werden. Bau dir ein Schiff aus Holz mit drei Stockwerken und einem Dach. Nimm von allen Tieren ein Männchen und ein Weibchen mit, denn ich will, dass das Leben erhalten bleibt. Und denk an das Futter für die Tiere und das Essen für dich und deine Familie!"

Noach gehorchte Gott. Er baute das Schiff. Dann ging er mit seiner Familie und den Tieren in das Schiff und verschloss die Tür.

Nach sieben Tagen fing es an zu regnen. Es regnete stärker und stärker, und das Wasser strömte vom Himmel. Bald hob das Schiff vom Boden ab. Vierzig Tage und Nächte regnete es aus schwarzen Wolken in Strömen, und auch aus der Erde brachen Wasserschwälle hervor. Die große Flut stieg höher und höher. Nur noch die Gipfel der Berge ragten als Inseln aus dem Wasser. Dann versanken auch sie. Jetzt trieb das Schiff Noachs einsam auf der endlosen Wasserfläche.

Aber Gott hatte Noach nicht vergessen. Nach vierzig Tagen hörte es auf zu regnen. Das Wasser begann zu fallen. Da öffnete Noach die Luke im Dach und ließ eine Taube ins Freie fliegen. Noach dachte: „Wenn die Taube wegbleibt, hat sie einen trockenen Ort gefunden."

Aber die Taube kehrte bald wieder zurück. Noach streckte seine Hand aus der Luke und holte sie ins Schiff. Dann wartete er sieben Tage und ließ die Taube ein zweites Mal fliegen.

Als sie nach einiger Zeit zurückgeflogen kam, hatte sie das frische Blatt eines Ölbaums im Schnabel.

Jetzt wusste Noach, dass die Flut vorüber war. Als er die Taube sieben Tage später zum dritten Mal fliegen ließ, kehrte sie nicht mehr zurück. Da öffnete Noach die Tür und verließ mit seiner Familie und allen Tieren das Schiff.

Die schwarzen Wolken hatten sich verzogen. Die Sonne schien, und am Himmel wölbte sich ein großer Regenbogen.

Da sprach Gott zu Noach: „Ich schließe einen Bund mit dir und mit allen Menschen und Tieren, die nach dir auf der Erde leben. Ich verspreche: Keine große Flut wird mehr das Leben vernichten. Solange die Erde besteht, soll alles seinen geordneten Gang haben. Es soll nicht aufhören Saat und Ernte, Frost und Hitze, Sommer und Winter, Tag und Nacht. Und das Zeichen für mein Versprechen soll der Regenbogen sein."[2]

157
NEUSCHÖPFUNG NACH DER FLUT

Bau der Arche (links) und Sintflut. Aus der „Hamilton-Bibel", die ca. 1350 entstand und zu einer Gruppe von Handschriften zählt, die in Neapel um und nach der Mitte des 14. Jahrhunderts entstanden und mit der Werkstatt Cristophoro Oriminas verknüpft sind. Cod. 78 E 3, folio 4r (Ausschnitt). Kupferstichkabinett, Staatliche Museen, Berlin.

Nuh und die grosse Flut (Islam)

Auch der Koran erzählt die Geschichte von Nuh (Noach). Für Muslime ist Nuh ein Prophet. Seit dem Auftreten des ersten Propheten Adam haben die Gottgesandten den Menschen die Botschaft von dem einen barmherzigen Gott gebracht. Doch die Menschen hörten nicht auf sie, so dass Gott immer neue Propheten entsenden musste, um den Menschen den richtigen Weg zu weisen und Rechtleitung zu bringen. Ibrahim (Abraham), Musa (Mose) und Isa (Jesus) gehören zu den islamischen Gesandten, als deren „Siegel" Mohammed gilt.

Adam und Hawwa (Eva) wurden alt und starben. Neue Generationen wuchsen heran und vergingen, und die Menschen wurden zu einem großen Volk auf der Erde. Aber mit der Zeit erinnerten sich immer weniger von ihnen an ihren Stammvater Adam, an die Erschaffung der Erde und an Gottes Rechtleitung. Die meisten Menschen verließen sich auf ihre eigene Macht und meinten, Kraft, Wissen und Geschicklichkeit kämen von ihnen selbst. Sie wurden sehr stolz und selbstgefällig. Da sie Gottes Rechtleitung verlassen hatten, machten sie sich ihre eigenen Gesetze. Bei ihnen hatte der Stärkere immer Recht. Besitz und Ansehen war für sie das Wichtigste. Dass sie dabei ungerecht und grausam gegen Schwächere waren, kümmerte sie nicht. Schließlich beteten sie sogar Bilder an. Fast alle Menschen hatten Gott vergessen.

Da schickte Gott ihnen einen Gesandten, der sie an die Rechtleitung erinnern sollte. Das war ein weiser und geduldiger Mann namens Nuh.

Nuh sprach zu den Menschen: „Es gibt keine wirkliche Macht außer bei Gott. Wendet euch ihm wieder zu und seid nicht ungerecht."

Die Mächtigen des Volkes hörten seine Rede voller Verachtung und sprachen: „Du verkündest merkwürdige Ideen." Aber Nuh entgegnete: „Das sind keine merkwürdigen Ideen, sondern Gott hat mich gesandt, alle Menschen öffentlich zu warnen, damit sie sich an seine Barmherzigkeit erinnern."

Die Anführer des Volkes lachten ihn aus und riefen: „Willst du für deine Rede etwa auch noch bezahlt werden?" Denn sie dachten hauptsächlich an Geld und Reichtum, und keiner von ihnen hätte je daran gedacht, etwas umsonst zu tun. Aber Nuh entgegnete: „Ich vertraue allein auf Gott, der mich gesandt hat. Bei ihm allein ist mein Lohn."

Eine solche Antwort hatten sie nicht erwartet. Sie ärgerten sich. „Du lügst!" sagten sie. „Was du sagst, kann gar nicht stimmen. Du bist ein ganz normaler Mensch. Warum hat Gott keinen Engel zu uns geschickt, wenn er uns etwas Wichtiges mitteilen will. Dann würden wir vielleicht eher glauben."

Nuh sprach: „O seht doch, ich habe ein klares Zeichen von meinem Herrn. Seine Barmherzigkeit hat er offenbart. Ist eure Selbstgefälligkeit denn so groß, dass sie Allahs Barmherzigkeit vor euren Augen verbirgt?" Doch sie hörten nicht auf ihn und wandten sich ab.

Tag und Nacht predigte Nuh dem Volk Allahs Botschaft; aber die meisten verlachten ihn.

Gott wusste wohl, dass keiner auf Nuh hören wollte. Er hatte beschlossen, die bösen Menschen zu vernichten. Er befahl Nuh, ein großes Schiff zu bauen, in dem er mit seiner Familie, den Gottesfürchtigen und vielen Tieren Platz hatte. Denn die bösen Menschen sollten in einer großen Flut untergehen, und nur Nuh mit seiner Familie, die gottesfürchtigen Menschen und die Tiere sollten gerettet werden.

Da fällte Nuh Bäume, machte Bretter und baute daraus ein riesiges Schiff.

Immer, wenn er mit seiner schweren Arbeit beschäftigt war, kamen seine Feinde und verspotteten ihn. „Na, gestern warst du noch ein Prophet, und heute bist du ein Tischler geworden!"

„Was wird denn das, ein Schiff? Auf dem Land?"

„Seht nur, Nuh will auf dem Trockenen segeln!"

Aber Nuh verlor nicht die Geduld.

Als das Schiff endlich fertig war, sprach Gott zu Nuh: „Steigt nun ein und nehmt von allen Tieren ein Männchen und ein Weibchen mit."

So geschah es. Nuh versammelte alle Tiere paarweise, Elefanten, Affen, Schafe, Hühner, Wölfe, Löwen, Adler, Spatzen und wie sie alle heißen, große und kleine, und führte sie in das

Schiff. Inzwischen türmten sich finstere Wolken am Horizont, und es fing an zu regnen. Zuletzt stieg Nuh selbst ein mit seiner Familie und allen, die ihm nachfolgten, aber das waren nur wenige. Als der Regen schon richtig in Strömen herabstürzte, entdeckte Nuh draußen seinen Sohn. War er denn nicht in das Schiff eingestiegen?

„Junge", rief Nuh, „steig schnell ein. Bleib doch nicht bei den Feinden Gottes!"

Dieser Sohn aber hörte weder auf seinen Vater, noch glaubte er an Gott. Hochmütig antwortete er: „Ich will lieber auf einen hohen Berg steigen, da kommt das Wasser nicht hin." Nuh wollte noch etwas sagen, aber die Flut war schneller.

Nuh war sehr traurig. Er sprach zu Gott: „Er war mein Sohn und gehört doch zu meiner Familie."

Gott aber sprach: „Sei nicht traurig. Er gehört nicht zu deiner Familie, weil er ein Ungerechter war. Jeder ist für seine eigenen Taten verantwortlich!" Allah aber hatte Nuh viele Söhne und Töchter gegeben, die ihm Freude machten.

Draußen stieg indessen das Wasser immer weiter. Die Menschen, die gestern noch gelacht hatten, kletterten entsetzt auf Bäume oder auf die Dächer ihrer Häuser oder flohen auf die höchsten Berge, aber das Wasser erreichte sie auch da, und alle gingen unter. Das Schiff aber trieb sicher auf den Wellen dahin.

Nach vielen Tagen kam endlich von Gott der Befehl: „Himmel, hör auf zu regnen! Erde, verschlucke das Wasser!" Sogleich schien wieder die Sonne, und die Wassermassen verliefen sich. Das Schiff landete auf dem Berg Judi, der heute Ararat heißt. Als die Erde wieder ganz trocken war, sprach Gott zu Nuh: „Kommt nun alle heraus aus dem Schiff, mit Frieden von mir und meinem Segen auf dir und deinen Nachkommen und allen, die auf ihren Herrn vertrauen."

Da kam Nuh mit seiner Familie und allen Tieren aus dem Schiff heraus. Sie siedelten sich auf dem Land an und bebauten es. Sie hatten Nachkommen und wurden zu Stämmen und Völkern.[3]

Manus Arche (Indien)

Aus dem Hinduismus stammt die folgende Geschichte von Manu und seiner Arche, die Parallelen zur jüdischen und islamischen Version aufweist. Die Inder denken in kosmischen Zeiträumen. Nach ihrer Mythologie, wie sie der Indologe Heinrich Zimmer darstellt, zerfällt jeder Weltzyklus in vier Weltzeitalter (Yuga). Den kompletten Zyklus nennt man Maha-Yuga („Der große Yuga"). 4 320 000 000 Tage nach menschlicher Rechnung stellen einen einzigen Tag Brahmas dar, ein Kalpa. Ein Brahmatag beginnt mit der Schöpfung oder Entfaltung, der Entsendung eines Weltalls aus der göttlichen Substanz, und endet mit dessen Wiedereinschmelzen in das Absolute. Jeder Brahmatag ist in 14 Manvantaras („Manu-Abschnitte") eingeteilt, von denen jeder 71 und einen Bruchteil Maha-Yugas enthält. Er endet mit einer Sintflut, die somit nicht einmalig ist. Manu ist der indische Noach und entgeht der Flut. Unsere gegenwärtige Zeitperiode heißt nach Manu Vaivasvata, „Manu, dem Sohn des Strahlenden". Es ist das siebente Manvantara des augenblicklichen Brahmatages; sieben weitere sind noch zu erwarten, bevor dieser Tag endet.

Manu, der erste Mensch auf der Erde, stand in einem Strom und betete. Jahrelang stand er auf einem Bein, die Arme gen Himmel gereckt. Nichts, so schien es, konnte ihn stören.

Dann stieß eines Tages ein kleiner Fisch an sein Fußgelenk und rief: „Manu, hilf mir! Ein großer Fisch will mich fressen." Obwohl Manus Geist mit dem Sinn des Lebens, dem Universum und der Ursache aller Dinge beschäftigt war, hatte er Mitleid mit der kleinen Kreatur. Er fischte sie mit einem Krug aus dem Wasser.

Der Fisch begann zu wachsen. Er wuchs und wuchs, so dass Manu ihn in einen Wasserbehälter setzte. Als er weiterwuchs, setzte er ihn in den heiligen Fluss Ganges. Aber bald war er zwischen den Ufern eingeklemmt. „Nimm mich zum Meer!" keuchte der Fisch. „Oder ich sterbe!" Manu bat den Herrn Brahma um Stärke und brachte den Fisch zum Meer. Dort

Gegenüber: Das Leben Manus verändert sich, weil er einen kleinen Fisch rettet. Dadurch wird er später von der großen Flut verschont. Kinderbuchillustration von Roberta Arenson.

wand sich dieser vor Freude und tauchte in die wogenden Wellen.

„Danke, Manu", rief er. „Du hast mein Leben gerettet. Darum will ich dir auch helfen. Hör zu, der Schöpfer, Herr Brahma, ist nicht zufrieden mit dieser bösen Welt. Er will alles zerstören und wieder neu anfangen. Tu, was ich sage. Dann wirst du gerettet."

Manu hörte dem Fisch zu und tat, was er sagte: Er baute ein großes Schiff. Dann ging er in alle Gegenden der Welt und sammelte die Samen aller lebenden Dinge und die Samen von sieben heiligen Weisen der Vorzeit, Dämonen und Göttern. Er trug sie alle zu seinem Schiff und wartete.

Dann begann die Zerstörung. Sieben glühende Sonnen erschienen am Himmel und brannten fürchterlich. Wind und Feuer kamen wie gierige Zungen, beleckten die ganze Welt und verschlangen alles, was ihnen in den Weg kam. Riesige schwarze Wolken rollten über den Himmel. Sie öffneten sich zu einem gewaltigen Riss, und Regen strömte herab. Es regnete zwölf Jahre lang, und Herr Brahma zerstörte alles außer Manu und seiner Arche.

Als der Regen nachließ, fühlte Manu sich völlig verlassen, denn um ihn herum gab es nichts als Wasser. Plötzlich sah er einen gehörnten Fisch auf sich zuschwimmen. Überglücklich warf Manu ein Seil über seine Hörner. Jahr für Jahr zog nun der Fisch die Arche über die endlosen Wasser, bis Manu eines Tages aus den verhangenen Wellen eine Bergspitze herausragen sah. Die Arche stieß gegen den felsigen Berghang.

Da sprach der Fisch: „Ich bin Brahma, der Herr aller lebenden Dinge. Ich habe dich aus der Flut gerettet, damit du neues Leben schaffen kannst, wenn das Wasser sinkt."

So begann Manu, mit dem Samen auf seiner Arche neues Leben zu schaffen. Bald waren die Flüsse, Meere, Dschungel und Wüsten mit Leben gefüllt. Die Götter kehrten in ihre Himmel zurück und die Dämonen in die Unterwelt. Die sieben Weisen begannen zu beten, und Manu stand wieder auf der Erde und dankte Gott. [5]

Die Fundamente der grossen Tiefe brachen auf (Choctaw-Indianer, Nordamerika)

Die Muskogee sprechenden Choctaws gehören zu den Indianern des Südostens Amerikas. Sie bewohnen die breiten Küstenebenen, die im Osten an den Atlantik und im Süden an den Golf von Mexiko grenzen. Der Name Choctaw stammt möglicherweise von dem spanischen Wort Chato, „flach", ab. Bei den Choctaw bestand der Brauch, den Kopf der Säuglinge durch Umwickeln abzuflachen.

Die Choctaws zählen neben den Creek, Cherokee, Chicasaw und Seminolen zu den „Fünf zivilisierten Nationen". Diese hatten sich nach der Deportation infolge des zweiten Seminolen-Kriegs, der das Ziel hatte, die Indianer jenseits des Mississippi zu vertreiben und in einem so genannten Indianerterritorium anzusiedeln, zusammengeschlossen. Diese „Fünf zivilisierten Nationen" besitzen einen hohen Kulturstand. Als sesshafte Bodenbauern mit zentraler politischer Autorität unterscheiden sie sich auch aufgrund der von den Amerikanern übernommenen Technologie kaum von weißen Siedlern.

Der Choctaw-Mythos von der Sintflut betont den im Südosten verbreiteten Glauben, dass der Mensch die Pflicht hat, alle Geister zu ehren. Verstößt er gegen dieses Gebot, kann die Welt zerstört werden. Wichtig ist der zentrale Gedanke der Erneuerung; denn nach der Sintflut entsteht eine neue Welt. Die Choctaws nennen die Sintflut auch Oka Falama, „Die Rückkehr des Wassers"; denn man geht davon aus, dass auch vor der ersten Schöpfung die Welt von Wasser bedeckt war.

In alten Zeiten, als schon viele Menschen gelebt und wieder gestorben waren, wurden die Menschen böse. Sie bekämpften sich gegenseitig, und die Erde war voller Blut. Der Große Geist war sehr unzufrieden mit den Menschen. Daher schickte er einen Propheten, der die Dörfer und Stämme warnte, dass die menschliche Rasse vernichtet werden würde. Doch die Menschen schenkten seinen Worten keine Beachtung und fuhren fort, in Bosheit zu leben. Doch dann kam der Herbst ins Land.

Die Tage wurden dunkler, und eines Tages verlosch die Sonne, und es herrschte völlige Dunkelheit und Kälte überzog die Erde. Die Menschen waren entsetzt, aber kehrten immer noch nicht um. Dann war das Grollen eines fernen Donners zu hören, der nicht mehr aufhörte. Alle waren voller Angst. In der nächtlichen Düsternis liefen die Menschen mit Fackeln von Ort zu Ort. Ihre Speisen wurden ungenießbar. Die wilden Tiere drangen ohne Scheu in ihre Dörfer ein und hatten jegliche Angst vor den Menschen verloren. Dann ließ ein Donnerschlag die Erde erzittern. Im Norden schien ein großes Licht. Doch bald erkannten die Menschen, dass es sich nicht um die wiederkehrende Sonne, sondern um den Schein riesiger Wassermassen handelte.

Aus allen Richtungen waren Klagelaute zu vernehmen: „Das sind die zurückgekehrten Wasser. Die Fundamente der großen Tiefe sind aufgebrochen." Bald wurde die Erde von Fluten überspült. Alle Menschen und Tiere wurden überschwemmt. Nur der geheimnisvolle Prophet, dem der Große Geist den Auftrag erteilt hatte, die Menschen zu warnen, wurde gerettet. Auf Anweisung des Großes Geistes baute dieser ein Floß aus Sassafras Stämmen, mit dem er auf dem großen Wasser schwamm. Nach vielen Wochen kam ein großer schwarzer Vogel und umkreiste das Floß. Der Prophet bat ihn um Hilfe. Doch er flog krächzend davon. Einige Tage später kam ein bläulich gefärbter Vogel mit roten Augen und einem roten Schnabel. Der Prophet fragte ihn, ob irgendwo trockenes Land zu sehen sei. Der Vogel stieß einen klagenden Laut aus und flog in die Richtung, wo die neue Sonne hinter dem Horizont im Wasser zu versinken schien. Plötzlich machte sich ein Wind auf und trieb das Floß in diese Richtung. Bald wurde es Nacht, und Mond und Sterne leuchteten. Am nächsten Morgen ging die Sonne im früheren Glanz auf, und der Prophet erblickte vor sich eine Insel. Diese war mit allen möglichen Tieren bevölkert. Nur das Mammut fehlte. Der Prophet entdeckte auch den schwarzen Vogel, der ihn seinem Schicksal überlassen hatte. Der Prophet nannte ihn Fulushto (Rabe). Für die alten Choctaw galt er als schlechtes Omen. Der Prophet ging an Land,

163
NEUSCHÖPFUNG NACH DER FLUT

Am Anfang existierte der große Hügel Nanih Wiya. Aus diesem Hügel schuf der Schöpfer die ersten Choctaws. Sie krochen durch einen langen dunklen Höhlengang ans Tageslicht.

schlug erschöpft sein Lager auf und war bald eingeschlafen. Erfreut fand er auch den blauen Vogel, der ihn zur Insel gebracht hatte, und nannte ihn Puchi Yushuba (verlorene Taube). Nach vielen Tagen verschwand das Wasser. Und Puchi Yushuba wurde zu einer schönen Frau, die der Prophet schließlich heiratete. Durch diese beiden Menschen entstand wieder Leben auf der Erde.[6]

Ballspiel der Choctaw-Indianer. Ölgemälde, 1846/50, von Catlin George (1796–1872). Smithsonian American Art Museum, Washington DC.

[1] Nacherzählt von Monika Tworuschka auf der Basis der Geschichte „Ea, Ziusudra and the Great Flood". In: Ganeri, a. a. O., S. 26ff.
[2] Gen 6,1–9,17. Nacherzählt von Werner Laubi.
[3] Koran Sure 11,25. 48. Nacherzählt von Monika Tworuschka.
[4] Heinrich Zimmer: Indische Mythen und Symbole, Düsseldorf-Köln 1972 (Neuausgabe), S. 21.
[5] Nacherzählt von Monika Tworuschka auf der Basis der Geschichte „How the Fish saved Manu". In: Ganeri, a. a. O., S. 29ff.
[6] Nacherzählt von Monika Tworuschka auf der Basis von „Der Schöpfungsmythos der Choctaw". In: Collin Taylor: Die Mythen der nordamerikanischen Indianer, München 1995, S. 28f.

URSPRUNGS-MYTHEN

Auch Ursprungsmythen erzählen von Schöpfungen. Sie handeln jedoch nicht von der Schöpfung des Kosmos oder der Menschen, sondern davon, „wie etwas zum Sein gekommen ist" (Mircea Eliade), nämlich ein Fluss, das Feuer, eine Pflanze, eine wichtige gesellschaftliche Institution. „Die Ursprungsmythen führen den kosmogonischen Mythos weiter und ergänzen ihn: Sie berichten, wie die Welt umgewandelt wurde, wie sie reicher oder ärmer wurde. Dies ist der Grund, warum gewisse Ursprungsmythen mit der Skizze einer Kosmogonie beginnen. Die Geschichte der tibetischen Dynastien beginnt damit, dass sie daran erinnert, wie der Kosmos aus einem Ei entstanden ist."[1]

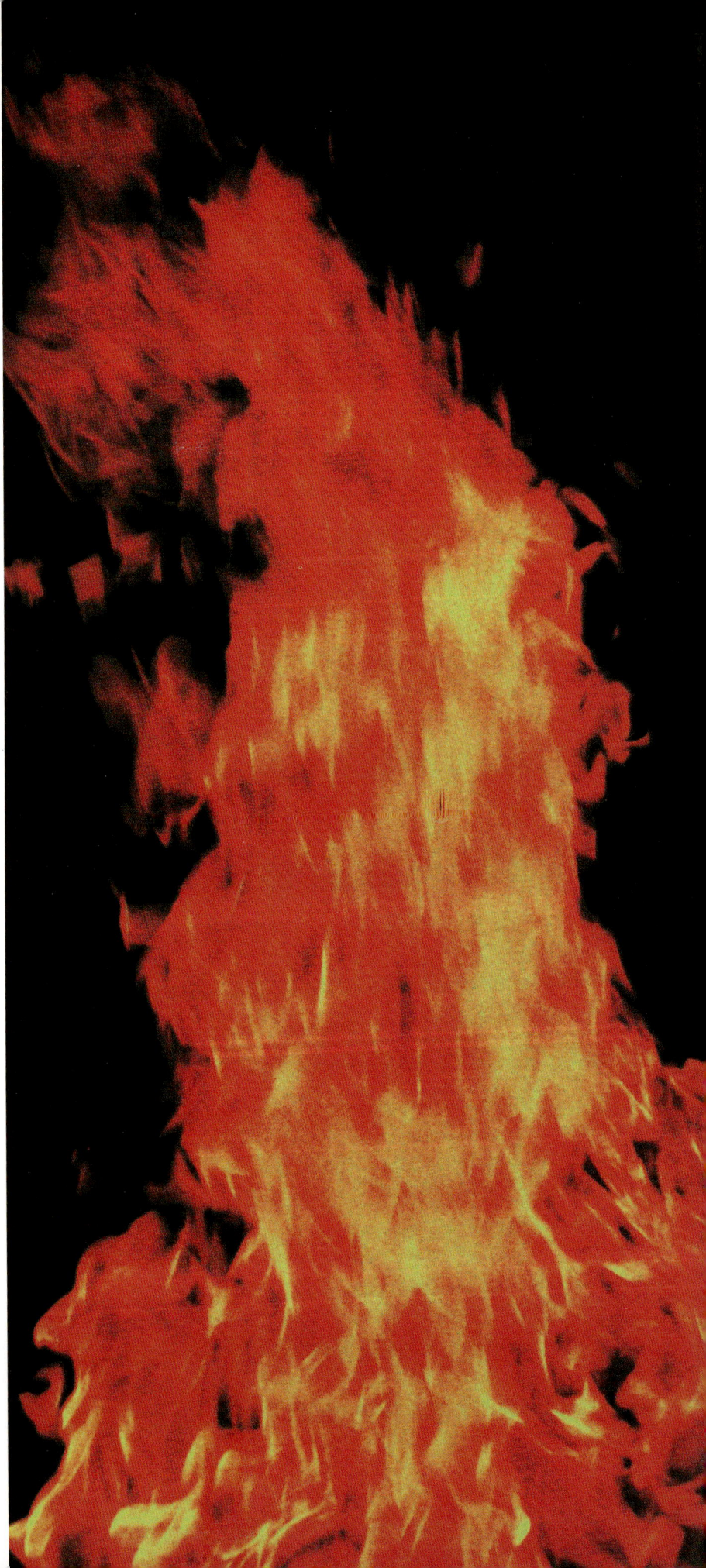

Rechts: Das Feuer: Symbol der Sonne, die alles erwärmt und Leben gibt. Für die Anhänger Zarathustras ist das Feuer das höchste Gottessymbol. Für die Israeliten war das Feuer Sinnbild der Gegenwart Gottes. Das Feuer hat auch zerstörerische Kräfte. Einige Religionen haben die Vorstellung von einem Weltfeuer oder -brand am Ende der Zeiten. Als Feuerofen wird die Hölle gedeutet.

Gegenüber: Das Gemälde aus Kalighat, dem ältesten Stadtteil Calcuttas, zeigt die Flussgöttin Ganga auf einem Krokodil. Unbekannter Künstler, Wasserfarbe, ca. 1885. Victoria & Albert Museum, London.

Wie der Fluss Ganga zur Erde kam (Indien)

Der mächtigste Strom Nordindiens, der Ganges, symbolisiert auch die hinduistische Götterdreiheit Brahma, Vishnu und Shiva. Dieser heiligste aller indischen Flüsse gilt als der fünfte Kopf Brahmas. Die den Ganges personifizierende Göttin Ganga fließt der Überlieferung nach aus dem Zeh Vishnus und wird bei ihrem Sturz zur Erde von Shiva aufgefangen, der die Wasserfluten in seinem Haar sammelt und in sieben Ströme teilt.

Die folgende Geschichte erzählt, warum Ganga zur Erde kam und ihr heiliges Wasser verströmte, in dem seither die Menschen baden, beten, geheilt werden und in das sie nach dem Tod ihre Asche streuen lassen.

Die Göttin Ganga, ein mächtiger Fluss, lebte in den himmlischen Regionen des Himalaya. Sie war der heiligste der Flüsse. Diejenigen, die in ihren Wassern badeten, wurden von Sünden gereinigt und erhielten ewiges Leben.

Doch hätte es König Sagara nicht gegeben, so wäre Ganga vielleicht nie zur Erde gelangt. König Sagara hatte zwei Frauen, aber keine Kinder. Er betete so inbrünstig um Kinder, dass er schließlich erhört wurde. Die eine seiner Frauen bekam einen Sohn, die andere sogar viele. Um den Göttern seine Dankbarkeit zu beweisen, wollte der König ein besonderes Opfer bringen: ein Pferd. Er nahm das schönste, das er finden konnte. Doch bevor das Opferfeuer entzündet war, entführte Indra, der König der Götter, das Pferd. Das Entsetzen darüber war groß, denn es gab kein größeres Unglück als das Misslingen eines Opfers.

Sagara durchsuchte die ganze Welt nach dem Pferd. Auch seine Söhne suchten. Sie fingen an, bis zum Mittelpunkt der Erde zu graben, um nachzusehen, ob das Pferd sich dort befände. Die Erdgottheit, Vishnus Frau, schrie vor Schmerzen, als sie immer tiefer gruben. Daher sandte Vishnu ein schreckliches Feuer, das Sagaras Söhne tödlich verbrannte.

Sagara war untröstlich, als seine Söhne nicht zurückkehrten. Er flehte die Götter an, ihm seine Söhne zurückzugeben. Die Götter ließen ihm sagen: „Deine Söhne werden nur zum Leben zurückkehren und in den Himmel gelangen, wenn der Fluss Ganga zur Erde fließt." Das hörte die Göttin Ganga, der mächtige Fluss. Sie sammelte ihre Wasser und machte sich bereit, zur Erde zu stürzen. Shiva aber, der blaue Gott, erkannte, dass die ganze Erde überflutet sein würde, wenn es nicht gelänge, Ganga aufzufangen. Und als die Wassermassen zusammengeströmt waren, stellte er sich darunter. Ganga fiel auf seinen Kopf und wurde in seinem Haarschopf gefangen. Shiva teilte sie in sieben Ströme und ließ sie frei. Mit einem Donnergetöse strömten die sieben Flüsse des Ganges durch den Himmel. Götter, Engel und himmlische Krieger sahen mit Erstaunen ihre Kraft und Schönheit. Gischt schäumte auf wie Schwärme weißer Vögel, und die Wassertropfen glänzten wie tausend Sonnen.

Ganga fiel auf die Erde, und die sieben Flüsse wurden zu Bächen und Strömen, zu Wasserfällen und Seen. Sie flossen munter durch die Felsen und gelangten schließlich in die heiße, durstige indische Ebene.

Das Wasser sickerte durch die Erde, bis es die Asche von Sagaras Söhnen erreichte. Als sich Wasser und Asche vermischten, wurden die Söhne zum Leben erweckt, und ihre Seelen erhoben sich zum Himmel.

Seitdem fließt Ganga auf der Erde. Und jeder, der in ihren heiligen Wassern badet, wird ewiges Leben erhalten.[2]

Die folgsamen Stuten Mohammeds (Islam)

Bis heute zählen arabische Vollblutpferde neben den englischen Vollblütern zu den edelsten der Welt. Dem Mythos zufolge wurde das Pferd aus dem schnellen Südwind erschaffen. Die arabische Literatur ist voller Lob über dieses Geschöpf. Im Koran (Sure 100) ist von den „rennenden Rossen" die Rede, die auf das Endziel, das Jüngste Gericht hin galoppieren. Im schiitischen Islam wird die Überzeugung vertreten, dass dereinst ein weißes Ross den Mahdi, eine Art Messiasgestalt, tragen wird. Der Mahdi wird am Ende der Welt kommen und die Welt mit Gerechtigkeit füllen. Deshalb wird bei jeder Prozession des Muharram-Festes, das an das Märtyrertum von Mohammeds Enkel Husain erinnert, ein edles Pferd mitgeführt.

Der folgende Ursprungsmythos führt die Entstehung der arabischen Vollblutpferde auf den Propheten Mohammed zurück. Damit will man ihren edlen Charakter besonders hervorheben. Denn die islamischen Gläubigen verehren und achten Mohammed. Man spricht seinen Namen nie aus, ohne hinzuzufügen: „Möge Gott Wohlgefallen an ihm haben und Heil über ihn sprechen."

Die karge arabische Wüste liegt zwischen dem Roten Meer und dem Persischen Golf. Kein Fluss durchläuft dieses Land, dessen Inneres aus einer riesigen Hochfläche besteht, auf die nur selten einmal Regen fällt. Weite Teile Arabiens sind unfruchtbare Stein- oder Sandwüste. Nur hier und da stehen Palmen um eine Wasserstelle, wo Menschen und Tiere, erschöpft von der Glut der Sonne, Erfrischung finden. Große Karawanen durchzogen seit alter Zeit die arabische Wüste und ermöglichten, mit kostbaren Waren beladen, den Handel zwischen dem Süden der Halbinsel und den nördlicheren Ländern, Ägypten,

Bis heute berühmt: arabische Vollblutpferde. Der Überlieferung zufolge begründete Mohammed die Zucht dieser edlen Tiere und zeichnete sie persönlich durch besondere Halswirbel aus, die heute noch das „Daumenzeichen Mohammeds" genannt werden.

Syrien und Palästina. Deshalb konnten sich sogar inmitten des Wüstengebiets an einigen günstigen Orten mehrere Städte von Händlern und Handwerkern entwickeln. Eine davon war Mekka, die Heimatstadt Mohammeds.

Doch hier konnte Mohammed nicht bleiben. Jahrelang hatten die Menschen ihn und seine Anhänger wegen ihres neuen Glaubens schikaniert. Daher beschloss er, in die Nachbarstadt Yathrib auszuwandern. Da es jedoch zu riskant gewesen wäre, die direkte Karawanenstraße in Richtung Yathrib zu benutzen, suchten die Freunde Schutz in einer kleinen Höhle im Berg Taur unterhalb Mekkas.

Als Mohammed sicher war, dass sie niemand mehr in der Umgebung Mekkas suchen würde, verließen sie in Begleitung eines ortskundigen Führers das Versteck. Zu der Karawane gehörten auch etliche Kamele und Pferde. Tagelang waren sie unterwegs. Das Wasser war schon lange knapp geworden.

Plötzlich zieht ein Sandsturm auf. Der Himmel wird stockdunkel. Der feine Sand setzt sich in die Kleidung. Alle ringen nach Atem. Menschen und Tiere leiden schrecklichen Durst. Abends gelangt die kleine Karawane zu einem Brunnen. Alle Tiere stürmen los. Mohammed ruft sie zurück. Doch die Tiere rennen weiter bis auf die Stuten Abayyah, Saqlawiya, Kuhayyah, Hamdaniya und Hadbah. Trotz des großen Durstes warten sie geduldig, bis Mohammed ihnen erlaubt zu trinken.

Da segnete Mohammed die fünf Stuten und legte, um sie zu zeichnen, jeder seinen Daumen in den Nacken, wo sich kleine Haarwirbel bildeten. Solche Wirbel werden noch heute Daumenzeichen Mohammeds genannt, und die Pferde, die sie besitzen, sollen besonders edel sein. Mohammed begründete mit diesen fünf Stuten die Zucht der arabischen Vollblutpferde. Von den edelsten arabischen Pferde wird gesagt, dass sie auf diese „fünf" des Propheten Gottes zurückgehen.[3]

Wie Ganesha seinen Elefantenkopf bekam (Indien)

Der Hinduismus kennt eine Vielzahl von Göttern. Besonders beliebt ist Ganesha, der Sohn des Gottes Shiva und seiner Gattin Prajapati. Ganesha wird als dickbäuchiger Mann mit Elefantenkopf dargestellt, dessen einer Stoßzahn abgebrochen ist. Diesen soll er sich selber abgeschlagen und aus Übermut zum Mond geschleudert haben. Er hat zwei oder vier Hände. Die rechten halten den abgebrochenen Stoßzahn und einen Stachelstock, wie man ihn zum Lenken von Elefanten braucht. Die linken tragen eine Schlinge, wie man sie zum Binden von Garben benötigt, eine Frucht und manchmal einen Reiskloß; denn dieser Gott nascht gern.

Überall im hinduistischen Kulturraum findet man Statuen, die Ganesha sitzend, stehend oder tanzend, manchmal auch auf einer Maus oder Ratte reitend, darstellen: in Tempeln, am Straßenrand, auf dem Hausaltar, im Taxi, in Geschäften. Ganesha gilt als Gott des Anfangs und „Herr der Hindernisse", weil er Schwierigkeiten und Probleme aus dem Leben der Menschen schafft. Man bittet ihn oft um Hilfe, sei es vor einer Reise, vor einem Examen, vor dem Abschluss eines Geschäftes, einem Gerichtstermin oder zu Beginn einer Puja, „Andacht". Da Ganesha am Anfang eines Unternehmens steht, verehrt man ihn vorzugsweise morgens, wenn der Tag beginnt. Ursprünglich besaß Ganesha einen Menschenkopf. Der folgende Ursprungsmythos erzählt, wie Ganesha zu seinem Elefantenkopf kam.

Der hinduistische Gott Shiva heiratete eine gutherzige und schöne Göttin mit dem Namen Parvati. Ihre Wohnung befand sich oben auf dem Berg Kailash hinter den schneebedeckten Gipfeln des mächtigen Himalajagebirges. Shiva und Parvati waren sehr glücklich miteinander.

Doch Shiva, der Schöpfer und Zerstörer des Universums, war sehr beschäftigt und musste den Berg Kalash oft für lange Zeit verlassen, um in der Welt nach dem Rechten zu sehen. Parvati blieb geduldig zu Hause und wartete auf seine Rückkehr. Sie hatte viel Zeit zum Nachdenken, während ihr Mann nicht zu Hause war. Oft fühlte sie sich traurig und einsam. Sie wünschte sich verzweifelt ein Kind. Doch immer wenn sie mit ihrem Mann über diesen Wunsch sprach, wurde er ungehalten. So blieb sie einsam auf ihrer Bergspitze und hing betrübt ihren Gedanken nach. Doch eines Tages hatte sie eine wundervolle Idee.

„Ich zeige es ihm!", dachte sie lächelnd. „Ich mache mir selbst ein Kind. Welchen Sinn hat es, eine Göttin zu sein, wenn man nicht tun kann, was man will."

Daher nahm sie Erde von einem Berghang, mischte ihn mit Wasser zu einem weichen Ton. Dann begann sie sorgfältig den Ton zu einer Gestalt zu formen. Sie formte Kopf, Arme, Beine und einen runden kleinen Körper. Bald war ihr Kind fertig. Dann vollendete sie das Gesicht und bewunderte ihr Werk. Vor ihr lag ein wundervoll geformter kleiner Junge. Parvati war außer sich vor Freude. Endlich hatte sie das Kind, das sie sich so sehnlich gewünscht hatte. Nun musste sie der Gestalt nur noch Leben einhauchen. Sie nahm es in ihren Arm und wiegte es sanft. Dazu sang sie: „Nun ist es Zeit, dass dein Leben beginnt. Werde lebendig, Sohn."

Plötzlich öffnete das Kind die leuchtenden schwarzen Augen und lächelte ein wunderschönes Lächeln. Von nun an waren Mutter und Sohn unzertrennlich.

Einige Jahre vergingen, und Shiva war noch nicht auf den Berg Kalash zurückgekehrt. Aber nun machte das Parvati nicht mehr so viel aus. Sie hatte einen Sohn und war nicht mehr einsam und traurig. Und sie hatte auch keine Angst allein zu sein. Denn ihr Sohn war stark und beschützte sie.

Dann kehrte Shiva doch eines Tages auf den Kalash zurück. Er war glücklich, wieder zu Hause zu sein und wollte sofort seine hübsche Frau sehen. Umso erstaunter war er, dass ihm ein fremder kleiner Junge entgegentrat. Shiva wurde wütend. Was wurde hier gespielt? Er versuchte, an dem Jungen vorbei zu kommen. Doch dieser ließ ihn nicht durch. Shivas Zorn wurde größer. Er war es nicht gewohnt, dass sich ihm jemand in seinem Palast widersetzte. Schließlich war er lange fort gewesen und wünschte eine freundliche Begrüßung.

„Geh mir endlich aus dem Weg. Sonst wird es dir Leid tun!", herrschte er den Jungen an. Immer noch bewegte der Junge keinen Muskel. Schließlich verlor Shiva die Beherrschung, zog sein Schwert und schlug den Kopf des Jungen ab. Als sie den schrecklichen Lärm hörte, stürzte Parvati aus ihrem Gemach und blickte erst auf ihren Mann und dann auf ihren Sohn. „Was hast du getan?" Sie schrie voller Schreck und hörte dann nicht auf zu weinen. Shiva blickte sie verwirrt an. Was war hier los? Doch Parvati hörte nicht auf zu schluchzen. „Du schrecklicher Mann!", schrie sie. „Du hast unseren Sohn umgebracht, und er war doch noch ein Kind!"

Nun war Shiva noch verwirrter. Er hatte doch keinen Sohn gehabt. Doch dann wurde er unsicher und bedauerte seinen Zorn. Parvati erklärte ihm alles.

„Was glaubst du, wie einsam ich mich hier auf dem Berg gefühlt habe. Immer wenn ich von einem Kind gesprochen habe, bist zu unwirsch geworden. Da habe ich mir eben selbst ein Kind geformt. Und dieses Kind hast du umgebracht."

Shiva war entsetzt. Nie hatte er seine Frau unglücklich machen wollen. „Ich tue alles, was du willst!", sagte er. „Alles."

„Dann erwecke meinen Sohn wieder zum Leben!", forderte Parvati und stürmte aus dem Zimmer.

Shiva sandte Boten in alle Ecken des Universums. Er befahl ihnen, den Kopf des ersten Lebewesens, das ihnen begegnete sofort zu ihm zu bringen. Nach einiger Zeit kam ein Bote mit einem mächtigen Elefantenkopf zurück. Shiva setze den Kopf auf den Körper seines Sohnes und begann, ihm Leben einzuhauchen. Der Junge erwachte zum Leben, und Parvati vergab Shiva.

„Nun wird er weise wie ein Elefant sein!", sagte sie, „und gütig und schön zugleich." Shiva und Parvati nannten ihren Sohn mit dem Elefantenkopf Ganesha.[4]

Ganesha ist einer der populärsten Hindugötter. Seine Eltern sind Shiva und Parvati, sein Reittier hier ist die Maus Mushika. Ganesha wird in Gestalt eines Mannes mit einem Elefantenkopf dargestellt. Er gilt als Gott des Wohlstands, der Weisheit und der Überwindung von Hindernissen. Man bittet ihn oft um Hilfe. Ganeshas Statuen sind nicht nur in Tempeln, sondern oft auch unter Bäumen, am Straßenrand und in Dorfzentren zu finden. Rötlicher Sandstein, 11. Jahrhundert, Bundelkandh Chandella-Dynastie, Indien. Museum Rietberg, Zürich, Geschenk Alice Bohner.

Der Ursprung des Feuers (Nez Perce, Nordamerika)

Das Feuer ist eines der wichtigsten Kulturgüter. Daher ist sein Ursprung vor allem bei Kulturen, deren Leben stark von der Natur geprägt ist, Gegenstand mythischer Erzählungen. Der folgende Ursprungsmythos der Nez Perce verdeutlicht die Vorteile, die es mit sich bringt, wenn man den Tiergeistern gefällig ist. Die Nez Perce gehören zu der Kulturregion der Plateau-Indianer. Sie lebten in einem Gebiet, das im Norden bis ins nordwestliche Montana reichte. Im Süden erstreckte es sich von den Rocky Mountains im Osten bis zur Sierra Nevada im Westen. Beherrscht wurde dieses Gebiet von den Flüssen Columbia River und Frazer River. Die Indianerstämme in diesem Gebiet waren Halbnomaden. Die ungefähr 25 Stämme gehören zu zwei Sprachfamilien: den Salosh und Shaptin. Wichtige Erwerbsquelle der Nez Perce ist wie bei den Wallawalla, Cayuse, Umatilla, Flathead und Kutenai der Viehhandel. Die meisten leben in Gemeinschaftswohnungen. Da diese Indianer kaum Landwirtschaft betreiben, gibt es wenige Mythen vom Ursprung der Erde, wohl aber viele Erzählungen, in denen Tiere eine wichtige Rolle spielen.

Vor langer Zeit lebten auf der Erde noch keine Menschen. Doch Tiere und Bäume waren in der Lage, herumzulaufen und miteinander zu sprechen. Damals kannten nur die Kiefern das Geheimnis des Feuers. In einem Winter wurde es jedoch so kalt, dass die Tiere fast erfroren. Sie bildeten einen Rat und beschlossen, den Kiefern das Feuer zu stehlen.

Die Kiefern waren auch am Ufer des Grande Ronde Rivers zu einem großen Rat zusammengekommen. Sie saßen um ein warmes Feuer und hatten rund um das Feuer Wächter aufgestellt, um die Tiere fernzuhalten. Doch der Biber hatte sich nahe am Ufer versteckt, noch bevor die Wächter auf ihre Posten gegangen waren. Nach einiger Zeit rollte ein Stück glühende Kohle vom Feuer bis in die Nähe des Bibers. Er nahm es, versteckte es in seinem Fell und rannte los. Die Kiefern verfolgten ihn. Doch der Biber schlug immer wieder Haken und rannte dann ein Stück geradeaus. Deshalb schlängelt sich der Grande Ronde River an manchen Stellen, und ist an anderen Stellen gerade.

Nachdem sie lange gerannt waren, wurden die Kiefern müde. Sie rasteten in großen Scharen am Flussufer. Dort standen sie so dicht, dass selbst die Jäger nicht durch das Dickicht kamen. Einige der Kiefern verfolgten den Biber weiter und rasteten hier und dort. Und sie blieben bis heute an manchen Stellen des Ufers stehen.

Einige Kiefern und eine Zeder gaben die Verfolgung nicht auf. Die Zeder sagte: „Ich werde bis zum Gipfel dieses Berges laufen, um zu sehen, wie weit der Biber voraus ist." Und sie rannte zum Gipfel. Doch der Biber war schon sehr weit voraus. Er tauchte in den Sbake River, dort, wo der Grande Ronde River in ihn mündet. Der Biber schwamm über den Big Sbake River und gab den Weiden am gegenüberliegenden Ufer Feuer. Auf seiner weiteren Reise gab er den Birken und anderen Bäumen Feuer. Deshalb tragen diese Bäume das Feuer in sich. Und die Tiere und die Indianer können von diesen Bäumen Feuer bekommen, wenn sie das Holz aneinander reiben.

Die Zeder steht immer noch allein auf dem Berg. Sie ist alt, und in ihrer Krone wachsen keine Blätter mehr. Es war eine lange Jagd. Deshalb konnten keine anderen Bäume sie einholen. Die Alten aus den Stämmen sagen zu den Kindern: „Da ist die Alte Zeder. Sie steht dort, wo sie aufhörte, den Biber zu jagen."[5]

Gegenüber: Kojote, der weise Kulturheros, steigt zu den Göttern hinauf, um von dort für die Menschen das Feuer aus dem Himmel zu holen. Sandzeichnung. Museum of Navaho-Ceremonial Art, Santa Fe.

Der Ursprung des Mais (Irokesen, Nordamerika)

Die Irokesen gehören zu den Indianern des Nordostens Amerikas. Diese Kulturregion erstreckt sich im Westen von der Atlantikküste zum Nordwestufer des Lake Superior und südlich bis zu den Flüssen Ohio und Cumberland bis zu den Küstenebenen von North Carolina und Virginia. Die Irokesenföderation besteht aus sechs lose miteinander verbundenen Völkern: Mohawk, Oneida, Onondaga, Cayuga, Seneca und Tuscarora. Man bezeichnet sie auch als Langhausstämme, weil sie in Häusern von 30 bis 40 Metern Länge leben, die für acht bis zehn Familien Platz bieten. Die Irokesen betreiben Ackerbau. Sie kannten über 200 verschiedene Nahrungspflanzen, darunter allein siebzehn Mais-, sechzig Bohnen- und acht Kürbisarten. Der folgende Ursprungsmythos betont die Wichtigkeit des Mais und seine enge Verbindung zur Bohnenpflanze. Das Hauptnahrungsmittel Mais wurde verarbeitet, indem man die Körner mit einem Holzmörser zu Mehl zerstampfte. Das Mehl wurde zu Hominy, einem Gericht aus gekochtem Maisbrei mit Fleisch- oder Fischstückchen verarbeitet.

Es gibt verschiedene Irokesentraditionen, die sich mit den als drei Schwestern bezeichneten Nahrungsmitteln Mais, Bohnen und Kürbis beschäftigen. Die Seneca nennen sie „Unser Leben" oder „Unser Erhalter". Ähnliche Ursprungsmythen und Geschichten gibt es bei den Pueblo-Indianern des Südwestens. Vom Mais berichten alle Legenden, dass sein Ursprung eine fruchtbare Maismutter oder ein Maismädchen gewesen sei. Deshalb pflanzten und ernteten die Frauen den Mais.

Auf einem kleinen Hügel lebte einst ein gut aussehender junger Mann. Der fühlte sich allein und beschloss zu heiraten. Mit seinen wehenden Gewändern und langen Federn sah er gut aus, dass man ihn gern betrachtete. Jeden Morgen und jeden Abend ging er aus dem Haus und sang dreimal: „Sag es, sag es, ich werde jemanden heiraten." Lange Zeit machte er das, doch er blieb allein und heiratete nicht.

Eines Tages kam eine große junge Frau mit langem Haar, das nach indianischer Sitte hinten zusammengebunden war. Ihre Perlen glänzten wie Morgentau, und ihr fließender grüner Umhang war mit goldenen Glocken verziert. Der junge Mann unterbrach seinen Gesang, und sie sprach: „Ich bin die, nach der du gesucht hast. Ich bin gekommen, um dich zu heiraten." Er aber sagte: „Nein, das bist du nicht. Du bist so weit von deinem Zuhause weg. Auch läufst du so schnell, dass ich dich nicht einholen kann. Ich möchte dich nicht nehmen." Da ging das Kürbismädchen wieder fort, und der junge Mann blieb allein.

Eines Tages erschien eine junge Frau, mit anmutiger Gestalt und einem hübschen Gesicht. Ihr Umhang war mit reizenden Blumensträußen verziert und mit Armreifen bedeckt. Sie hörte das Lied. Dann sagte sie zu dem jungen Mann, dass sie einen so gut aussehenden Mann von Herzen lieben und heiraten könnte. Das Lied verstummte. Er sah sie an, und sie gefiel ihm. Er sagte, dass sie genau das Mädchen sei, das er sich gewünscht habe und auf die er so lange gewartete habe. Sie umarmten sich voller Liebe. Seitdem ranken sich die schlanken Bohnen eng um den Mais. Er stützt sie, und sie verehrt ihn. Selbst im Tod werden sie nicht getrennt. Denn Bohnen sind teil des indianischen Maisbrots.[6]

173
Ursprungsmythen

Auf dieser Malerei der nordamerikanischen Navaho-Indianer sind die vier Regengeister abgebildet, aus deren Händen das himmlische Wasser strömt. Im Zentrum des Bildes steht die Maispflanze, deren Gedeihen vom Regenwasser abhängt und die eine besondere Wertschätzung genießt. Museum of Navaho Ceremonial Art, Santa Fe.

Der Ursprung des Donners (Passamaquoddy, Nordamerika)

Die Passamaquoddy gehören zu den nordöstlichen Waldlandstämmen. Ihr Lebensraum reicht vom Sankt Lorenzstrom im Norden bis zum Cumberland River im Süden und vom Mississippi im Westen bis zur mittleren Atlantikküste. Die dort ansässigen Indianer betreiben in den riesigen Laub- und Mischwäldern einfachen, jedoch ausgedehnten Bodenanbau. Aufgrund der zahlreichen Seen und Ströme waren Kanus als Beförderungsmittel sehr verbreitet. In den strengen Wintern benutzte man überall Schneeschuhe.

In dem Gebiet der nordöstlichen Waldlandstämme herrschten gemeinsame kosmologische Vorstellungen. Man erkannte drei wichtige Bereiche an: die Unterwelt, die Erde und die höhere Welt des Himmels und der Sonne. Diese Glaubensvorstellungen fanden in verschiedenen Zeremonien ihren Niederschlag. Viele Mythen der Passamaquoddy und anderer Ethnien dieser Region handeln von der Verbindung der Erdbewohner zur Himmelswelt mit ihren Mächten. Ursprungsmythen von allgemeinen Phänomenen wie Feuer und Donner tauchen nicht nur in dieser Region, sondern in veränderter Form auf dem ganzen amerikanischen Kontinent auf.

Einstmals begab sich ein Indianer auf die Jagd. Er begann beim Ostarm des Flusses Penobscot und kam zu der Mündung eines anderen Arms, der in den Ostarm fließt und folgte ihm bis zum Fuß des Mount Katahdin. Dort jagte er lange Zeit allein, ohne jemanden zu treffen. Eines Morgens – es war inzwischen Winter geworden – entdeckte er die Spuren von Schneeschuhen. Am nächsten Tag entdeckte er an einem anderen entfernten Ort abermals diese Spuren. Wo immer er auch hinging, jeden Tag fand er diese Spur. Er vermutete, dass die Spur ein Zeichen sei. Er folgte der Spur, bis sie ihn auf den Berg Katahdin führte. Dies bedeutet „Großer Berg". Schließlich verschwand die Spur in einer festen Schneeschuhstraße, die von vielen Reisenden ausgetreten worden war. Da sie fest und eben war, zog er die Schneeschuhe aus und folgte dem seltsamen Pfad. Dieser endete auf einem hohen Felsen, an dessen Fuß sich eine Plattform

Gegenüber: Nordamerikanischer Donnervogel, der den Blitz mit seinem Adlerschnabel bringt und den Donner mit seinem Flügelschlagen erzeugt. Holzschnitzerei. British Museum, London.

Unten: Der japanische Donnergott Raijin bewacht den Eingang des Tempels. Raijin wird auch als Rai-ten bezeichnet, was ihn als Abkömmling indischer Devas (tenbu) auszeichnet. Der Donnergott ist auf einem Wandschirm des Künstlers Ogata Kôrin (1658–1716) abgebildet. Nationalmuseum, Kyoto.

befand. Es gab eine Reihe Hinweise auf viele Menschen, aber er sah niemanden. Schließlich näherten sich Schritte, und er sah ein Mädchen, das aus dem Abgrund auf die Plattform trat. Obwohl sie sehr schön war, verspürte er Angst. Doch sie antworte auf jeden seiner Gedanken mit freundlichen und klugen Worten, dass er seine Angst verlor, obwohl sie große magische Kräfte besaß. Da sie sich gegenseitig gefielen und einander begehrten, bat sie ihn, ihn durch den Felsen zu begleiten. Der Felsen machte ihnen Platz, bis sie schließlich zu einer Höhle gelangten. Dort saß ein alter Mann am Feuer, der das seltsame Paar freundlich aufnahm. Als die Nacht hereinbrach, sagte der Mann zu seiner Tochter: „Kannst du etwas von deinen Brüdern hören?" Sie ging hinaus und antwortete mit Nein. Dann fragte er sie nach einer Weile abermals. Und sie trat hinaus und antwortete: „Ja. Ich höre sie kommen." Ein Donnerschlag ertönte, ein Blitz zuckte, und aus dem Licht traten zwei riesige schöne junge Männer, die Furcht erregend aussahen.

Die junge Frau berichtete dem Jäger, dass ihr Vater immer alle paar Tage, wenn sie fortgingen, zu ihren Brüdern sagte: „Die Zeit ist gekommen, um in die Welt zu gehen und unsere Freunde zu retten. Geht nicht in die Nähe der Bäume. Wenn ihr aber etwas seht, das denen, die wir lieben, Schaden bringt, dann schlagt zu." Wenn sie dann losgingen, dann flogen sie über die Wolken. So wurden Donner und Blitz erschaffen, deren Heim der mächtige Berg Katahdin ist. Und wenn der Donner rollte, schossen die Brüder auf die Feinde ihrer Freunde.

Als der Tag vorbei war, begab sich der Jäger nach Hause und stellte fest, dass er sieben Jahre weg gewesen war.[7]

Der bestrafte Ehrgeiz des Mondes (Judentum)

Das folgende jüdische Schöpfungsmärchen versucht zu erklären, warum die Sonne größer als der Mond ist und seine Strahlen von der mächtigen Sonne erhält. Auch der Ursprung des jüdischen Kalenders wird hier auf eine göttliche Anweisung zurückgeführt. Denn obwohl der Mond der kleinere Himmelskörper ist, bestimmt er die Zeitrechnung. Wir rechnen nach dem Sonnenkalender. Juden dagegen orientieren sich wie Muslime und Buddhisten nach dem Mondzyklus. Bei jedem Neumond (Rosch Chodesch) beginnt auch ein neuer Monat. Dadurch bleibt der Mondkalender hinter unserem Sonnenkalender zurück. Um dies auszugleichen, wird in 19-jährigem Zyklus jedes 3., 6., 8., 11., 14., 17. und 19. Jahr ein Schaltjahr mit 13 Monaten eingefügt. So können die jüdischen Feste immer in der gleichen Jahreszeit gefeiert werden. Das Neue Jahr beginnt mit dem Monat Tischri und endet mit dem Monat Adar oder in Schaltjahren mit Adar II.

Früher mussten Zeugen glaubhaft versichern, dass sie den Neumond gesehen hätten, bevor der neue Monat offiziell verkündet werden konnte. Das war wichtig, um das richtige Datum eines Festes zu bestimmen. Deshalb feierte man lange Zeit viele Feste doppelt an zwei aufeinanderfolgenden Tagen, um sicher zu gehen. In neuerer Zeit ist das aufgrund genauer Berechnungen nicht mehr nötig. Der Feiertag des Monatsbeginns (Rosch Chodesch) wird heute hauptsächlich von Frauen begangen.

Ursprünglich waren Sonne und Mond gleich groß. Gleiche Leuchtkraft, gleiche Herrschaft und gleiche Macht waren beiden verliehen. Wenn das eine Licht unterging, sollte das andere mit unveränderter Helligkeit erstrahlen und seine Lichtbahn wandeln am Firmament. Das konnte der Mond nicht ertragen. Ihn schmerzte, dass neben ihm eine eigene Größe vorhanden sein sollte. So nahte er dem Thron des Allmächtigen.

„Herr der Welt", begann er, „können zwei Könige dieselbe Krone benützen? Können in einem Reich zwei gleiche Mächtige nebeneinander regieren? Verlangt nicht deine ganze Weltordnung, dass sich einer dem anderen unterordnet?"

„Darum mögest du kleiner werden", erwiderte ihm der Ewige, „und dein Licht erst von der höherstehenden Sonne empfangen."

So blieb die Sonne das große Licht, der Mond aber erlosch und wurde ein kleiner Himmelskörper und leuchtet nur mit den Strahlen, die er von der mächtigen Sonne erhält.

Aber der Mond wollte sich nicht damit begnügen und wandte ein: „Herr der Welt, soll ich mich deshalb vermindern, weil ich vor dir eine richtige Sache gesprochen habe?"

Da tröstete ihn Gott und sagte: „Sooft du in der Nacht am Himmel erscheinen wirst, werden dich Myriaden Sterne wie Trabanten und Fürsten begleiten, und überdies werden die Israeliten Tage und Jahre nach dir benennen."[8]

Gegenüber: Der Mondkult war über die ganze Erde verbreitet. Es gibt Mondmythen, deren Ursprünge bis in mutterrechtliche Kulturen zurückgehen. In den semitischen Religionen besaß der Mond zentrale Bedeutung: Viele Namen wurden in Babylonien mit Sin (Mond) verbunden. Der Mond stand an der Spitze der Astral-Trinität Sin-Shamash-Ishtar. Hymnen preisen ihn als „Mutterleib" und „Erzeuger von Göttern und Menschen".

---

[1] Mircea Eliade: Vorwort: Gefüge und Funktion der Schöpfungsmythen. In: Die Schöpfungsmythen, Darmstadt 1977, S. 9–34, hier S. 32f.

[2] Nacherzählt von Monika Tworuschka.

[3] Nach islamischen Motiven nacherzählt von Monika Tworuschka.

[4] Nacherzählt von Monika Tworuschka auf der Basis von: „How Ganesh got his Elephant Head". In: Ganeri, a. a. O., S. 57ff.

[5] Nacherzählt von Monika Tworuschka auf der Basis von „Der Ursprung des Feuers" in: Taylor, a. a. O., S. 65.

[6] Nacherzählt von Monika Tworuschka auf der Basis von "Der Ursprung des Mais", in: Ebd., S. 66.

[7] Nacherzählt von Monika Tworuschka auf der Basis von „Der Ursprung des Donners", in: Ebd., S. 53f.

[8] Chulin 60b, zitiert nach Israel Zwi Kanner: Jüdische Märchen, Frankfurt/Main 1976, S. 14.

LITERATURVERZEICHNIS
(zusätzlich zu den in den Anmerkungen zitierten Titeln)

Audretsch, Jürgen/Mainzer, Klaus (Hg.): Vom Anfang der Welt. Wissenschaft, Philosophie, Religion, Mythos, 2. Aufl., München 1990

Beltz, Walter: Das Tor der Götter, Berlin 1978

Blacker, Carmen/Loewe, Michael: Weltformeln der Frühzeit. Die Kosmologien der alten Kulturvölker, Düsseldorf-Köln 1975

Campbell, Joseph: Mythen der Menschheit, München 1993

Flasch, Kurt: Eva und Adam. Wandlungen eines Mythos, München 2004

Gleiser, Marcelo: Das tanzende Universum. Schöpfungsmythen und Urknall, Wien u.a. 1998

Görg, Manfred: Nilgans und Heiliger Geist. Bilder der Schöpfung in Israel und Ägypten, Düsseldorf 1997

Grant, Michael/Hazel, John: Lexikon der antiken Mythen und Gestalten, München 1980

Grimal, Pierre (Hg.): Mythen der Völker, Bde. 1-3, Frankfurt/Main 1977

Hetmann, Frederik: Wie Frauen die Welt erschufen. Mythen, Märchen und Legenden von der weiblichen Gottheit, Zürich 2001

Ders.: Die Göttin der Morgenröte. Schöpfungsmythen aus aller Welt, Frankfurt/Main 1986

Jooß, Erich: Kinder des Himmels und der Erde. Schöpfungsgeschichten aus aller Welt, München 1998

Kamp-Linfort, Victoria (Hg.): Mythen von der Erschaffung der Welt, Hamburg 1994

Kerényi, Karl: Die Eröffnung des Zugangs zum Mythos, Darmstadt 1976

Linke, Bernd Michael (Hg.): Schöpfungsmythologie in den Religionen, Frankfurt/Main 2001

Loretz, Oswald: Schöpfung und Mythos. Mensch und Welt nach den Anfangskapiteln der Genesis, Stuttgart 1968

Mall, Ram Adhar: Indische Schöpfungsmythen. Eine Einführung, Bonn 1982

Maier, Bernhard: Die Religion der Germanen. Götter, Mythen, Weltbild, München 2003

Mann, Ulrich: Schöpfungsmythen. Vom Ursprung und Sinn der Welt, Stuttgart [u.a.] 1982

Pfeiffer, Martin: Indische Mythen vom Werden der Welt. Texte – Strukturen – Geschichte, Berlin 1994

Simek, Rudolf: Religion und Mythologie der Germanen, Darmstadt 2003

Sproul, Barbara C.: Schöpfungsmythen der östlichen Welt, München 1993

Dies.: Schöpfungsmythen der westlichen Welt, München 1994

Steinwede, Dietrich/Först, Dietmar (Hg.): Die Schöpfungsmythen der Menschheit, Düsseldorf 2004

Schwarz, Ernst (Hg.): Der Trank der Unsterblichkeit. Chinesische Schöpfungsmythen und Volksmärchen, München 1997

Ders.: Die Weisheit des alten China. Mythos, Religion, Philosophie, Politik, München 1994

Ders.: Die heilige Büffelfrau. Indianische Schöpfungsmythen, München 1995

Ders.: Schöpfungsmythen. Ausgewählte Texte, München 1988

Uber, Heiner/Mondhe, Papu Pramod: Weltschlangen – Schlangenwelten. Auf den Spuren eines Reptils durch Mythos und Magie, München 2002

Vernant, Jean-Pierre: Mythos und Religion im alten Griechenland, Frankfurt/Main 1995

Vries, Jan de: Forschungsgeschichte der Mythologie, Freiburg i.Br.-München 1961

Wilhelm, Ursula/Wöstenberg, Gabriele: Vom Anfang aller Zeiten. Schöpfungsmythen verschiedener Kulturen, Leipzig 2004

Wintersteiner, Werner (Hg.): Erzählungen vom Anfang. Schöpfungsmythen, Innsbruck u.a. 2000

Zimmer, Heinrich: Indische Mythen und Symbole. Schlüssel zur Formenwelt des Göttlichen, 5. Aufl., München 1993

Zimmerman, Larry J./Molyneaux, Brian Leigh: Indianer. Geschichte und Stämme. Häuptlinge, Geister, Medizinmänner. Spirituelles Leben und Schöpfungsmythen, München 1998

Zheng, Chantal: Mythen des alten China, München 1990

Zolbrod, Paul G.: Auf dem Weg des Regenbogens. Das Buch vom Ursprung der Navajo, Augsburg 1993

Bildnachweis

Archiv für Kunst und Geschichte, Berlin: 37, 134/135
Arenson Roberta, Prescott, AZ: 161
Ariki Art, Irvine, CA: 98
Art Gallery of South Australia, Adelaide, Gift of Mr. Charles P. Mountford 1955: 73 l
Ateneum Art Museum, Helsinki, F.: Central Art Archives, Hannu Aaltonen: 47
Baumli Othmar, Meggen: 6/7, 113, 177
Bildagentur Baumann, Würenlingen: 10/11, 150/151
Bayerisches Nationalmuseum, München: 43
Biblioteca Apostolica Vaticana, Rom: 130 (1, 2)
Bildarchiv Preussischer Kulturbesitz, Berlin: 100, 157
Bodleian Library, Oxford: 143 (4)
Born Dieter, Bonn: 45
British Museum, London: 35, 96, 155
Cinétext, Frankfurt/Main: 18/19
Clark Rachel, London: 57
Denver Art Museum, Denver, CO: 103
EMB-Archiv, Luzern: 16, 24, 32/33, 38/39, 54/55, 59, 62, 65, 69, 70, 72, 74, 75, 81, 84/85, 89, 93, 94/95, 97, 107, 111, 115, 120/121, 129, 130 (3), 133, 142 (1), 143 (6), 144/145, 147, 148, 164, 171, 173, 174, 175
Exotic India, Delhi: 48
Forman Werner Archive, London: 9, 73 r, 90/91, 94 (1), 109, 112, 124
Frobenius-Institut, Frankfurt/Main: 20/21
Hoel's Indian Shop, Sedona, AZ: 77
Kaiser Michael, Koblenz: 125
Lunaria Kunstsammlung, Sindrup: 122
Miller Layne, Utah: 118
Mühr Bernhard, Wolkenatlas, Karlsruhe: 86
Museum of Fine Arts, Boston, William Strugis Bigelow Collection 11.7972: 78
Museum Rietberg, Zürich: 169
National Gallery, London: 131 (5)
Nationalmuseum, Belgrad: 34
Newberry Library, Chicago: 105
NTV, Tokyo: 2/3, 13, 26/27, 136/137, 152/153
Österreich Werbung, Zürich: 22/23
Pierpont Morgan Library, New York: 139
Rätsch Christian, Hamburg: 29, 117
Rayne Lauren, Tucson: 141
Réunion des musées nationaux, Paris: 142 (2), 143 (5)
Scala Photo, Florenz: 131 (4), 163
Ullrich Gunter, Aschaffenburg: 41
Van Lent Worldwide Photography, Bornem: 166/167
Victoria & Albert Museum, London: 50, 63, 82/83, 165

Glossar

Anthropogonie, Lehre von der Entstehung und Abstammung des Menschen.

Brahmanismus, Vorform und eine der Quellen des Hinduismus und meint innerhalb desselben die Verehrung des Schöpfergottes Brahma. Die Vorstellung eines Schöpfergottes spielt im Brahmanismus allerdings eine geringere Rolle als in westlichen Religionen.

Buddhismus, von Siddharta Gautama Buddha im 5./4. Jh. v. u. Z. in Indien gestiftete Religion. Aus Indien vom Hinduismus verdrängt, ist der B. heute nicht nur im südostasiatischen Bereich verbreitet: Sri Lanka, Thailand, Burma, Laos, Kambodscha (südlicher B.), sondern vor allem in Nepal, China, Korea, Tibet, Mongolei, Japan (nördlicher B.) sowie seit über hundert Jahren in der westlichen Welt (USA, Europa). Buddhas Lehre verkündet die vier edlen Wahrheiten: 1. Es gibt Leid, das Leben ist unvollkommen; 2. Die Ursachen des Leidens sind Gier, Hass und Verblendung; 3. Es gibt ein Ende des Leidens: das Nirvana; 4. Der Weg aus dem Leiden ist der edle achtfache Pfad: rechte Ansicht, rechte Einstellung, rechtes Reden, rechtes Verhalten, rechter Lebensunterhalt, rechte Anstrengung, rechte Achtsamkeit, rechte Versenkung. Ziel des Weges ist die Aufhebung des Leidens, der Austritt aus dem Kreislauf der Weiterverkörperungen, das endgültige Erlöschen alles Individuellen im Nirvana.

Ethnische Religionen sind hauptsächl. in Afrika, Südasien und Südamerika verbreitet und werden nur von einer bestimmten Ethnie (früher Stamm) praktiziert. Kennzeichnend ist die weitgehende Einheit von Ethnie und Religion.

Hinduismus, traditionelle Religion der Inder (Hindu) und drittgrößte Religion der Welt. Verbreitungsgebiet ist hauptsächlich Indien, aber auch Nepal, Bangladesh, Indonesien, Pakistan, Sri Lanka und Malaysia, seit über 1 200 Jahren auch USA und Europa. Sie geht nicht auf einen Religionsstifter zurück, sondern ist aus verschiedenen Traditionen und Philosophien heraus gewachsen. Die Eigenbez. der Inder für ihre Religion ist sanatana dharma (Sanskrit: „ewige Ordnung"), die nach ihrem Verständnis seit jeher besteht und immer erneuert wird. Kernbegriff des H. ist der Dharma (Sanskrit: Stütze, Gesetz, Ordnung), der die Vorschriften für Moral und Recht beinhaltet und das Zusammenleben der Gesellschaft regelt, wozu auch die Unterteilung in Kasten gehört.

Islam, von dem Propheten Mohammed (um 570–632) gestiftete Religion. Neben dem Christentum ist der Islam die größte Weltreligion. Als monotheistische Religion ist ihr zentrales Thema der Glaube an die Einheit und Einzigkeit Allahs (arab.: „Der Gott"). Dieser ist nach islamischem Verständnis nicht nur der Gott der Muslime, d. h. der Anhänger des Islam, sondern der Gott aller Menschen. Die heilige Schrift des Islam ist der Koran. Er enthält Offenbarungen, die Mohammed persönlich von Gott empfangen hat. Über 90 % der 114 Suren (Abschnitte) des Korans befassen sich mit ethischen Werten und dem Aufbau der Umma („Gemeinschaft"), mit Gott und seinen Eigenschaften, mit den Propheten und Gesandten sowie der gesamten Schöpfung (Welt, Himmel, Erde, Mitgeschöpfe, Naturerscheinungen, Engel usw.), vergangenen Völkern und ihrer Geschichte. Nur etwa 6 % des Korans widmen sich konkreten Vorschriften. Wie die heiligen Schriften der Juden und Christen stammt auch der Koran nach Auffassung der Muslime aus derselben göttlichen Offenbarungsquelle, gilt als Abbild eines präexistenten Urbuches, der „Mutter des Buches", bzw. der „wohlverwahrten Tafel".

Judentum, Bezeichnung nicht nur für eine Religion, sondern auch für ein Volk, das sich als das von Gott zu einem besonderen Dienst auserwählte „Volk Israel" betrachtet. Die jüdische Religion gehört zu den ältesten monotheistischen Religionen und ist Mutterreligion von Christentum und Islam. Jude ist, wer von einer jüdischen Mutter geboren ist oder zum Judentum konvertiert hat. Das Leben der Juden ist im Laufe der Geschichte durch ihre Existenz in der Diaspora und Verfolgungen bis hin zur Schoa im vergangenen Jahrhundert geprägt. Die meisten Juden leben heute in den USA, in Israel und in der ehemaligen Sowjetunion. Kulturell und religiös wird zwischen den aschkenasischen (Mittel- und Osteuropa) und den sefardischen Juden (Spanien) unterschieden. Die Grundlehre des J. ist die Einheit und Einzigkeit Gottes, der der Welt seinen Willen in der Offenbarung am Sinai kundgetan hat. Die Welt ist Schöpfung Gottes und ihr Sinn die Verwirklichung des Guten. Der Mensch besitzt die Freiheit, das Gute, d.h. Gottes Willen zu tun, oder sich sündigend von ihm abzuwenden. Bußfertige Umkehr kann ihn auf den rechten Weg zurückführen. Das „Reich Gottes" wird durch das Kommen des Messias verwirklicht, der ein Reich des Friedens errichten wird. Die sittlichen Pflichten der Juden sind in der Thora (die fünf Bücher Mose), in der Verkündigung der Propheten und in der Auslegung der Tradition (Talmud) festgelegt. Das individuelle und kollektive Leben der Juden wird durch die göttlichen Mizwot („Gebote") bis in alle Einzelheiten wie z. B. Kleidung und Speise geregelt.

Kalevala, finnisches Nationalepos in 50 Gesängen, behandelt Schöpfungsmythos und Kämpfe zwischen den Völkern von Kalevala und Pohjola. Die einzelnen Lieder, von Volkssängern überliefert, wurden im 18. Jh. teilweise aufgezeichnet und von Elias Lönnrot 1835 zu einem Epos zusammengefasst.

Konfuzianismus, geht auf den chines. Philosophen Konfuzius (551 v. u. Z. bis 479 v. u. Z.) zurück und gehört neben Buddhismus und Taoismus zu den einflussreichsten (religions-)philosophischen Richtungen Chinas. Der K. vertritt die traditionelle chinesische Moral und befasst sich mit der Beziehung des Einzelnen zu Familie und Staat.

Kosmogonie, Mythos von der Entstehung der Welt und ihrer religiös fundierten Ordnung. Den K.n liegt in der Regel die Vorstellung von einem vorzeitlichen Urstoff oder Urwesen zugrunde, aus dem oder durch dessen Verwandlung die Welt entstanden sei.

Monotheismus, die Verehrung nur eines einzigen Gottes, der im Glauben den Menschen persönlich gegenübertritt und im Verständnis der Gläubigen als Schöpfer und Erhalter der Welt gilt. Monotheistische Religionen sind Judentum, Christentum und Islam.

Polytheismus, die gleichzeitige Verehrung einer Vielzahl von Göttern, von denen oft eine menschen-, auch tierähnliche Vorstellung herrscht. Ihre Beziehung untereinander spiegelt die jeweiligen soziokulturellen menschlichen Verhältnisse wider.

Schamanismus, ist ein religiöses Phänomen, das bei verschiedenen indigenen Völkern praktiziert wird. Besonderes Merkmal ist der Einsatz verschiedenster Mittel (u.a. rhythmisches Trommeln, Tanz, psychedelische Drogen) zum Erreichen von Trancezuständen, die als Übergang in einen anderen Seinszustand und der Kommunikation mit Geistern dienen. Dem Schamanen, der geistlichen Autorität des S., wird die Fähigkeit zugesprochen, dadurch besondere Fähigkeiten der Heilung und Weissagung zu erlangen. Das Phänomen des S. gelangte hauptsächlich über die Erforschung der nordamerikanischen Indianerkulturen und der sibirischen Völker in das westliche Bewusstsein, ist aber in vielen Regionen und Religionen der Welt nachweisbar.

Stammesreligionen s. Ethnische Religionen

Taoismus ist die hauptsächlich in China verbreitete Religion und Philosophie. Seine historisch gesicherten Ursprünge liegen im 4. Jh. v. u. Z., als das Tao-Te-King, eine Sammlung philosophischer und mystischer Sinnsprüche des Laotse, entstand. Das Wort Taoismus leitet sich ab von Tao, einem Begriff, der ursprünglich „Weg", im klassischen Chinesisch aber bereits „Methode", „Prinzip", „der rechte Weg", bedeutet. Das Tao ist sowohl unbegrenzte Transzendenz als auch das dem Kosmos, dem All innewohnende immanente Prinzip. Das Wirken des Tao bringt die Schöpfung hervor, indem es die Zweiheit, das Yin und das Yang, Licht und Schatten, hervorbringt, aus deren Wandlungen, Bewegungen und Wechselspielen dann die Welt hervorgeht.

Upanishaden, (von sanskrit: „sich nahe bei jemandem niedersetzen"), hinduistische Literaturgattung. Als kanonisch gelten 108 Upanishaden. Der Name bezieht sich auf das Verhältnis zwischen Meister (Guru) und zu dessen Füßen sitzenden Schülern, denen eine Lehre erteilt wird. Die U. sind die letzten Bücher der indischen Veden.

Veda/Veden, älteste heilige Schriften Indiens, die aus Versen und Prosa bestehen. Sie stammen von Dichterfamilien, Denkern, Philosophen und Asketen – unter ihnen auch Frauen. Die V. werden in vier Samhitas („Sammlungen") eingeteilt. Der 1 200 bis 1 000 v. u. Z. entstandenen Rig- (Vers) Veda, mit Hymnen an Götter, Dämonen, Könige und Ahnen, der Sama (Melodie) Veda mit liturgischen Gesängen, der Yajur (Opferspruch) Veda mit rituellen Anweisungen für den Opferpriester und der Atharva (Feuerpriester) Veda mit Zaubersprüchen, Beschwörungen, Heilzauber und Segenssprüchen für das tägliche Wohlergehen.

Vedische Religion, Vedismus, in den Veden überlieferte Religion, die um 1 200 v. u. Z. von indogermanischen Ariern nach Indien gebracht und dort durch Einbeziehung indischer Elemente weiterentwickelt wurde. Dem vedischen Glauben zufolge ist die Welt von Wesen, Mächten und Kräften bevölkert, die den Menschen gegenüber freundlich oder feindlich gesinnt sein können. Verehrt werden eine Vielzahl von großen männlichen Gottheiten (Indra, Varuna, Agni u.a.). Das vedische Universum besteht aus Himmel, Luftraum und Erde (letztere ist ein Quadrat oder eine von Wasser umflossene Scheibe).

REGISTER

Aborigines 62
Abraham 28
Abraham, Karl 15
Adam 2, 3, 4, 121, 132, 136, 138, 158
Adama 132
Adar 176
Afrika/afrikanisch 21, 28, 95, 112
Agni 68, 88, 89
Ägypten/ägyptisch 18, 25, 36, 37, 84, 90, 106, 125, 166
Ahn 34, 53, 72, 77, 92, 98, 112, 123, 126
Akkadisch 30, 52
Alexander der Große 143
Allah 138, 158, 159
Altes Testament 99
Amaterasu 78
Amaunet 37, 106, 110
Amon 36
Amrita 80, 83, 87
Amun 36, 37, 106, 110
Anatolien 95
Anaximenes aus Milet 40
Anschar 52, 53
Anu 52, 53, 56, 57, 154
Aotearoa 98
Apoll 127
Apologeten 14
Apsu 52, 53
Arabien 166
Ararat 156, 159
Arche 156, 157, 160
Akademos 128
Arier 15
Aristophanes 126
Aristoteles 12
Asgard 122
Ashoka 142
Ashvatta-Baum
Asien/asiatisch 14, 48, 74
Ask 122
Askese/Asket 84, 87, 88
Assur 52
Assurbanipal 52
Asura 80, 82, 89, 74
Athen 128
Athena 75
Äther 40, 42, 114

Atum 36, 37, 90, 108, 110
Audhumla 35, 58, 61
Auferstehung 143
Avatara 48, 51, 80
Awonawilona 92
Axis Mundi 143
Azteke 33

Babel 56, 57
Babylon 15, 35, 52, 53, 57, 97, 108, 144, 154, 176
Babylonische Gefangenschaft 99
Banaitja 73
Baro dewel 49
Barock 43
Baumann, Hermann 35
Bengh 49
Bhaghirat 164
Bhava Chakra (Lebensrad) 28
Bibel 74, 98, 99, 101, 102, 121, 131, 132, 142, 156, 157,
Blake, William 134
Bodhgaya 142
Bör 61, 122
Borneo 43
Borr 58
Brahma 48, 73, 80, 111, 160, 165
Brahmane 65, 68, 88
Brahmanas 88, 89
Brahmanaspati 74
Bücher Mose 25, 99, 132, 156
Buddha 7, 15, 51, 142, 143
Buddhismus/buddhistisch 51, 88, 142, 180
Bund 156

Capra, Fritjof 146
Cassirer, Ernst 15
Ceylon 142
Chepra 37
Chichicastenango 102
China/chinesisch 30, 68, 70, 74, 146
Chnum 125
Choctaw-Indianer 162, 163
Chons 37
Christentum/christlich 12, 14, 25, 28, 58, 80, 138
Christus siehe Jesus Christus
Chronos 42, 43

Clemens von Alexandrien 14
Corazón 102, 103, 104
Coyote 117, 119
Creuzer, Georg Friedrich 14
Cuzco 124, 125

Dämon 4, 20, 51, 62, 65, 74, 80, 82, 83, 114, 160
Dattatreya 51
Deïphobe von Cumae 12
Demiurg 62, 74
Demokrit 14
Devas 89, 175
Dharma 28, 80
Dhavantari 80
Diesseits 32, 87
Dionysos 112
Dragoslav Srejovice 34

Ea 52, 53, 56, 154, 155
Edda 34, 58, 122
Eden 132, 134, 138
Ei 34, 36, 37, 42, 46, 68, 69, 71, 87, 88, 89, 106, 111, 164
Eliade, Mircea 15, 17, 30, 44, 66, 164
Eliot, T.S. 146
Eliwagar 58, 60
Elohim 99, 101, 134
Emanation 66, 74, 144
Embla 122
Engel 20, 121, 136, 138, 158, 165
Enlil 53, 56, 154
Enuma Elish 52, 53
Epos 22, 51, 89
Erasmus von Rotterdam 14
Erdely 49
Erebos 40, 42
Erez Israel 30
Eros 40, 126, 127, 128
Eroten 112
Esna 36, 125
Etymologie 15
Euhemeros von Messene 14
Euphrat 134, 154
Europa/europäisch 17, 48, 49, 96
Eva 121, 138, 158
Evangelisten 97
Exodus 18, 25, 30

Falaturi, Abdoldjavad 138
Feigenbaum 142, 143
Feuerland 123
Finnland/finnisch 46, 47, 88
Freud, Sigmund 15

Gaia 40
Ganesha 114, 168, 169
Ganga/Ganges 164, 165
Geb 84, 90
Genesis 52, 99, 101, 108, 132
Gericht 8, 28, 166
Gihon 134
Gilgamesch 15
Ginnungagap 58, 60, 61
Gonda, Jan 87
Görres, Johann Joseph von 14
Griechenland/griechisch 12, 40, 123, 150
Grimm, Jacob 14
Grimnirlied 58
Guatemala 102
Gucumatz 102, 103, 104
Gulo 74
Gulong 74
Gunkel, Hermann 20
Guru 17

Hades 128
Ham 156
Hammurapi 52
Hanuman 51
Hauhet 110
Hawwa (Eva) 158
Hebräische Bibel 99, 102, 132, 142
Hel 60
Heliopolis 36, 37, 90, 108, 110
Hellenismus 128
Hephaistos 75, 128
Hera 40
Heraklit 12, 40, 108
Hermopolis 36
Hesiod 40, 108
Heyne, Christian Gottlob 14
Himalaya 165
Hinduismus 22, 28, 48, 65, 80, 114, 160, 164, 165, 168
Hölle 28, 60, 138, 164
Homer 12, 40, 126
Hönir 122

Register

Hopi 76, 77, 92, 116, 117, 140
Horaz 14
Humanismus 14, 15
Husain 22, 166
Hwergelmir 58, 60

I Ging 70
Ibrahim (Abraham) 158
Ilias 40
Ilmarinen 46
Ilmatar 46, 47
Imam 22
Immanent 112
Indien 17, 20, 28, 48, 49, 58, 62, 66, 74, 80, 82, 84, 86, 87, 88, 89, 111, 112, 114, 142, 160, 165, 168, 169, 175
Indra 62, 64, 65, 68, 80, 89, 165
Indus 49
Inka 124, 125
Inti 124
Io 98
Iran 48
Irokese 119
Isa (Jesus) 158
Isch/Ischa 132, 134
Isis 81, 90
Islam/islamisch 80, 138, 144, 158, 159, 160, 166, 180
Israel(iten) 25, 99, 108, 132, 164, 176
Izanagi 44, 45, 78, 79
Izanami 44, 45, 78, 79

Jafet 156
Jahwe 99, 132, 134
Jahwist 99, 101, 132
Japan/japanisch 44, 78, 79, 112, 175
Jenseits 32, 49
Jesus Christus 12, 15, 158
Johannes-Apokalypse 53
Juden/Judentum/jüdisch 12, 15, 18, 25, 30, 80, 99, 101, 132, 160, 176, 180
Jung, Carl Gustav 15, 17

Kabbala 99
Kailash 168
Kairo 36

Kala 28
Kalewala 46, 88, 180
Kali-Yuga 28, 114
Kalki 51
Kama 87
Kami 44, 78, 79, 113
Kami-no-michi 78
Kanaan 132
Karma 28
Karnak 37
Kasten 80
Katholizismus/katholisch 22
Kauket 110
Keilschrift 144, 152
Kenós 123
Kerbala 22
Khalifa 138
Kingu 53, 56
Kisch 52
Kischar 52, 53
Kojiki 44, 78
Kolumbien 33, 74
Kolumbus 102
Konfuzianer 68, 180
Konfuzius 112, 146
Koran 28, 102, 158, 166
Kosmos 44, 52, 66, 68, 78, 86, 143, 164
Kreuz 22, 37, 108, 124, 142, 143
Krishna 48, 51, 112
Kuk 110
Kultus 15
Kuni no Sa-dzuchi no Mikoto 44
Kuri no Toko-tachino Mikoto 44
Kurma 51, 80
Kusanagi 79
Kybele 94

Lachamu 53
Lachmu 52, 53
Laotse 146
Layard, A.H. 52
Lepenski Vir 34
Lévi-Strauss, Claude 17
Lodur 122
Lönnrot, Elias 46
Lotos/Lotus 51, 80, 143, 164
Louhi 46
Lullu 56

Luther, Martin 7, 57
Luxor 125
Lynferti 8

Maat 81
Mahabharata-Epos 22, 51
Mahdi 166
Maimonides 99
Mama Ocllo 125
Manco Cápac 125
Mantra 88
Manu 160
Maori 98
Marduk 35, 52, 53, 56, 57
Märtyrer/Märtyrertum 22, 166
Masturbation 84, 90
Matsya 51
Maya 102, 103
Mekka 167
Memphis 36, 108, 110
Menes 108
Menhit 125
Mensching, Gustav 8, 28, 80, 144, 150
Mesopotamien 52, 99
Mexiko/mexikanisch 33, 95, 73, 144, 162
Miao-Yao-Sprachen 74
Michelangelo 2, 3, 4, 12, 25, 136, 151
Midgard 122
Miki Nakayama 60, 61, 112
Milchozean 62, 80, 82
Mitte der Welt 30
Mohammed 158, 166, 167
Monotheismus 14, 25, 181
Mosche ben Maimon s. Maimonides
Moses 151
Muharram-Fest 166
Müller, Friedrich Max 14
Müller, Karl Otfried 14
Mummu 53
Musa (Moses) 158
Mushika 169
Muslim 28, 138, 158, 176
Muspelheim 58, 60, 61
Musubi 44, 78, 79
Mut 37, 106

Nagoya 79
Nara-Simha 51
Naunet 110
Navajo 76, 92, 117
Neapel 128
Nebut 125
Neues Testament 12, 53
Neumann, Erich 65
Nez Perce 170
Ngadju-Dajak 34
Ngati Maru 98
Nichtsein 86, 87, 147
Niflheim 58, 60
Nihonshoki/Nihongi 44
Nil 36, 37, 125
Nimba 95
Ninive 52
Noah 151, 156f.
Nordamerika 48, 119, 175
Nubien 37, 108
Nuh 158, 159
Numinose, das 15
Nun 36, 110, 90
Nut 84, 90
Nyx 40

O no Yasumaro 78
Odin 58, 61, 122
Oka falama 162
Olymp 40
Onogoro 79
Orpheus 42
Orphiker 42, 43
Osiris 81, 90
Ovid 14, 40
Oyagami 112
Oyashima 78

Pan 42
Pan-Gu 68, 69, 71
Pantheismus 122
Pantheon 52, 125
Paradies 7, 80, 132, 142
Parashurama 51
Parvati 168, 169
Passamaquoddy 174
Passionsspiel 22
Persien 58, 143
Pessach 25
Petrus 12

Register

Pettazzoni, Raffaele 17
Phallus 90
Phanes 42
Pharao 25, 108
Philemon 17
Philologie 14
Philosophenschule 128
Pischon 132
Plateau-Indianer 170
Platon 12, 126, 128
Platonische Akademie 128
Polynesien 73
Pompeij 128
Pontius Pilatus 281
Pontos 40
Popol Vuh 102, 104
Poshai-an-K'ia 92
Prajapati 88, 89, 168
Prodikos von Keos 14
Prophet 89, 158, 162, 163, 166, 167
Protogonos 42
Prozession 22, 166
Prusha-Rama 51
Ptah 8, 36, 37, 108, 110
Pueblo-Gebiet 92, 172
Puja 168
Purana 48, 80
Purusha 66
Pyramiden 90

Quetzalcoatl 73
Quiché 102

Radha 51
Rama 51
Rama-Chandra 51
Ramayana-Epos 22, 51
Rank, Otto 15
Rasu 80
Re 36, 37, 84, 106
Regenbogen 103, 143, 156
Religionswissenschaft 8, 14, 17, 18, 25, 28
Renaissance 14, 43
Rig-Veda 62, 66, 86, 88
Ritus 15
Roma 49
Romani 49
Romantik 14, 134

Rosch Chodesch 176
Rotes Meer 25
Rta 87
Ruben, Walter 87
Russland/russisch 58

Sagara 165
Salbaum 143
Sama-Veda 66
Sanskrit 49
Sargon 15
Satan 138
Satapathabrahmana 88
Schamane/Schamanismus 17, 123, 143, 181
Schelling, F.W.J. 14
Schiiten 22
Schu 90, 110
Sederabend 25
Segen 30, 78, 96, 132, 159
Selk'nam 123
Sennedjem 8
Shabaka 108
Shintoismus 44, 78, 79, 83
Shiva 83, 114, 164, 165, 168, 169
Shri 51
Shuri Kosei 44, 78
Sin 176
Sintflut 150, 151, 157, 160, 162
Sinti 49
Sippar 52
Sita 51
Sixtinische Kapelle 2, 3, 4, 12, 25, 136, 151
Smart, Ninian 18
Smith, George Adam 152
Sokar 8
Soma 62, 64, 89
Sophisten 12, 14
Sotuknang 76, 140
Spiegelberg, Frederic 28
Spinnenfrau (Kokyanwuhti) 76, 116, 117, 140, 141
Sturluson, Snorri 58, 122
Sybille 12

T'ai-chi-Tu 146
Taiowa 76, 116, 117, 140
Takehaya-Susano-o 78
Tangaroa 73

Tantrismus 89
Tao/Taoismus 78, 144, 146, 147, 149, 181
Tao-Te-King 144, 146, 181
Tapas 87, 88
Tartaros 40
Taube 156, 163
Tefnut 90
Tehom 57, 99
Temankel 123,
Tempel 30, 37, 52, 56, 57, 125
Ten 112
Tenochtitlan 73
Tenri 112
Tenrikyo 112
Tepeu 102, 103
Tertullian 14
Teufel 20, 49
Thales von Milet 150
Theben 8, 36, 37, 90, 106, 143
Theismus 14
Theologie 90
Thora 25
Thot 108
Thrakien 42
Tiamat 35, 52, 53, 56, 57, 99
Tibet 164
Tigris 134, 154
Timotheus 12
Tischri 176
Titus 12
Tlazolteotl 95
Tolkien, John R. R. 18
Toyo-kumu-nu no Mikoto 44
Transzendent 17, 20, 112
Tsukui-yomi 78
Tvastr 74

Übergangsriten 112
Ukko 46
Ungarn 49
Uranos 40
Urmeer 34, 36, 52, 80
Uroboros 64, 65
Urriese 34, 35

Vajra 62
Vamana 51
Van der Leeuw, Gerardus 96, 112

Varaha 48, 51
Vasuki 80
Ve 58
Veden/vedisch 60, 62, 65, 74, 80, 88, 89, 181
Venus von Laussel 95
Venus von Lespuge 95
Venus von Willendorf 95
Vergil 14
Vili 58
Viracocha 124, 125
Vishnu 48, 51, 80, 83, 165
Visvakarman 74
Völuspa 58, 122
Vritra-Schlange 62, 64

Wafthrudnirlied 58
Wäinämöinen 46, 47
Wallfahrt 22, 80
Wamek 74
Waters, Frank 76
We 61, 122
Weltenschlange 62
Weltzeitalter 28, 114, 160
Wessobrunner Gebet 58
Wikinger 58
Wili 61, 122
Wlislocki, Heinrich von 49

Xenophanes 12
Ximénez, Francisco 102
Xiutecuhtli 33

Yama 28
Yang 68, 70, 71, 146, 147
Yaonan 92
Yathrib 167
Yggdrasil 142
Yin 68, 70, 71, 146, 147
Ymir 35, 58ff.
Yuga siehe Weltzeitalter

Zarathustra 164
Zeus 8, 40, 42, 75, 126, 127
Zimmer, Heinrich 114, 160
Ziusudra 154, 155
Zuni 92, 117